中国上市公司经理人运气薪酬问题研究

邓晓岚 著

科学出版社
北京

内 容 简 介

本书从委托代理、管理者权力、公司治理、公司战略、经理人劳动力市场等多角度探索了中国上市公司经理人的运气薪酬问题。以国有上市公司为样本，检验了审计委员会与薪酬委员会的职位重叠对 CEO 的运气薪酬的影响；分析了公司成长性、行业竞争对高管运气薪酬的影响；探讨了高管议价能力，环境不确定性对高管运气薪酬的影响。研究结果可为上市公司完善薪酬计划，从而提升激励和治理效果提供借鉴。

本书具有一定的学术价值，可供从事财务管理与公司治理等方面研究的科研人员，上市公司董事、监事与高级人员及上市公司人力资源管理人员阅读与参考。

图书在版编目（CIP）数据

中国上市公司经理人运气薪酬问题研究 / 邓晓岚著. —北京：科学出版社，2020.3

ISBN 978-7-03-061120-8

Ⅰ. ①中… Ⅱ. ①邓… Ⅲ. ①上市公司－管理人员－劳动报酬－研究－中国 Ⅳ. ①F279.246

中国版本图书馆 CIP 数据核字（2019）第 080908 号

责任编辑：陈会迎 / 责任校对：贾娜娜
责任印制：张　伟 / 封面设计：无极书装

科学出版社 出版
北京东黄城根北街 16 号
邮政编码：100717
http：//www.sciencep.com
北京虎彩文化传播有限公司 印刷
科学出版社发行　各地新华书店经销
*
2020 年 3 月第 一 版　开本：720 × 1000　B5
2020 年11月第二次印刷　印张：9
字数：22 0000

定价：82.00 元

（如有印装质量问题，我社负责调换）

前　言

高管薪酬问题一直是学术界和实务界关注的焦点。相对业绩评价理论认为高管获得的薪酬与其管理能力或努力程度相关，然而在现实中高管薪酬与经营业绩或努力程度不匹配的现象却屡见不鲜。学者开始注意，在影响企业经营业绩的诸多因素中，存在一部分高管不可控的外生性因素，如原材料及能源价格、汇率及市场需求变化等，这些外生性因素的冲击效应体现在行业收益的变化上，称为运气。而高管薪酬与运气带来的业绩存在着正向的关系，称为运气薪酬。一些学者从管理者权力的角度解释运气薪酬，认为这是高管操纵薪酬的结果，是高管利用权力使其薪酬超过在最优契约下的最优水平而形成的租金。然而，站在战略、劳动力市场等视角，运气薪酬也可能是一种最优契约下的结果。例如，高成长的公司更倾向于通过提高薪酬对运气的敏感性，激励高管根据运气变化动态地调整公司战略，抓住行业发展的有利时机，实现企业经营业绩更快更高地增长。又如，当行业运气好时，劳动力市场需求也较高。为弥补高管的机会损失，公司会给予他们额外的运气补偿。而议价能力较强的高管，在劳动力市场外部就业的机会更多，企业为了挽留他们，对其薪酬中运气补偿也较明显。

近年来，越来越多的学者对运气薪酬问题进行了探讨，运气薪酬在理论与实证研究上都有了较大的进展，然而针对中国上市公司经理人运气薪酬问题的研究还较少，且尚未出现专门的著作。中国上市公司经理人的运气薪酬呈现怎样的特征、运气薪酬及其强度受什么因素影响，都有待研究。本书在梳理和总结前人研究与观点的基础上，将理论分析和实证研究紧密结合，较全面地对中国上市公司经理人运气薪酬问题进行了多视角的探讨。

全书共六章。第一章是绪论，介绍本书的研究背景与意义、研究方法与内容及框架；第二章是文献综述，从相对业绩评价、运气薪酬、公司成长性、行业竞争、高管议价能力和环境不确定性六个方面介绍高管薪酬的研究现状；第三章是薪酬委员会和审计委员会职位重叠与 CEO 运气薪酬：信息优势抑或董事迎合，从信息优势和董事迎合两个方面，检验薪酬委员会职位与审计委员会职位重叠影响运气薪酬的途径；第四章是公司成长性、行业竞争与运气薪酬，分析公司成长性、行业竞争对高管运气薪酬的影响；第五章是高管议价能力、环境不确定性与运气薪酬，分析高管议价能力、环境不确定性对高管运气薪酬的影响；第六章是启示与展望，总结从本书的研究结果中得到的启示，剖析了研究中存在的局限性，并对下一步研究提出了展望。

本书是在教育部人文社会科学基金项目“中国上市公司经理人运气薪酬问题研究”（14YJC630022）、福建省高水平大学建设福州大学学科建设专项工商管理学科高原计划资助下完成的。

运气薪酬的特征和成因较为复杂，在不同的研究情景下薪酬计划形成的差异性较大，这些都加大了理论逻辑确立及研究设计等方面的难度，因此本书难免存在不足之处，欢迎各位专家和同仁批评指正。

邓晓岚

2017 年 12 月

目　　录

第一章　绪　　论

第一节　研究背景与意义

近几年，一些天价薪酬事件的报道引起了人们对收入分配公平性的热议与质疑。例如，2015 年方大特钢科技股份有限公司（简称方大特钢）的董事长钟崇武，以 2019.34 万元薪酬排在沪深两市①第一位，总经理谢飞鸣以 1011 万元薪酬排在第五位。然而，2015 年正值钢铁行业的寒冬期，方大特钢净利润仅为 1.05 亿元，而两大高管薪酬超过方大特钢净利润的 28%，令人咋舌。在 2016 年董事长年薪排名中，万科企业股份有限公司(简称万科)的董事长王石以 999 万元年薪排名第一位。自 1999 年辞任万科总经理后，王石一年中有近 1/3 的时间在外体验登山、跳伞等极限运动，但仍每年从万科领取薪酬；2011 年初，仍担任万科董事会主席的王石开始到哈佛大学游学，且这一年从万科领取了 1054 万元的薪酬；2012 年，他又从万科领取了 1560 万元薪酬，相比 2011 年还有所增长②。另外，2016 年发布的 104 位上市零售企业高管薪酬排行榜显示，2015 年薪酬超 1000 万元（税前）的高管达 6 位，人和商业控股有限公司主席、执行董事兼控股股东戴永革拿到了 4384.6 万元的零售业“天价年薪”③。《中国公司治理分类指数报告 No.15（2016)》中指出，在不考虑通货膨胀因素的影响的情况下，2012～2015 年我国上市公司高管薪酬的绝对值年均增长 77.06%。这些报道引起了人们对不合理高管薪酬的非议与批判，面对媒体与民众对分配公平性的呼吁，政府也愈加重视，将调整收入分配、体现社会公平列为“十三五”时期的一项重要工作。

无论是学术界还是实务界都越来越关注一个问题：在影响公司经营业绩的诸多因素中，存在一部分高管不可控的外生性因素，如原材料及能源价格、汇率、市场需求变化等，这些外生性因素的冲击效应体现在行业收益的变化上，称为运气

---

① 沪深两市分别是指上海证券交易所和深圳证券交易所设立的证券交易市场。

② 摘自 2016 年 6 月 30 日《每日商报》的《高管们的天价年薪合理吗？》一文。

③ 摘自 2016 年 5 月 19 日《广州日报》的《上市零售企业高管年薪超 4000 万》一文。

(Bertrand and Mullainathan，2001)。现实中，上市公司高管的运气薪酬现象并不少见。例如，2011 年房地产行业增速放缓，全国 120 家房地产上市公司净利润总和同比增长 9.98%，与这一数据相比，房地产上市公司 2011 年高管薪酬总额的均值为 687.17 万元，同比增长 28.45%（马可佳，2012）。支持相对业绩评价的学者认为，市场产生的收益是高管无法控制的，应从薪酬中剔除，让高管承担这种风险需要成本，而使用相对业绩评价，能使高管薪酬免于暴露在系统风险中（Garvey and Milbourn，2003）。然而，研究管理者权力的学者却发现，现实中相对业绩评价的证据不足，许多高管凭借好运气得到更高的薪酬，表明高管通过操纵行为攫取租金（Bertrand and Mullainathan，2001；Garvey and Milbourn，2006；沈艺峰和李培功，2010）。然而，一些学者从战略的角度分析，认为运气薪酬是一种最优契约设计，通过加大运气薪酬强度可激励风险厌恶的高管主动识别和判断运气类型，并采取相应的生产与投资策略，在行业景气时拉动公司业绩顺势增长，在行业衰退时则保守防御（Gopalan et al.，2009）。那么，在中国上市公司中，运气薪酬在不同类型的公司中呈现怎样的特征，运气薪酬的强度又受什么因素的影响，是高管操纵的结果还是公司战略选择的需要，都有待于进一步检验。

本书的理论价值或可能存在的创新具体如下。

（1）基于攫取租金的观点，一些学者（Bertrand and Mullainathan，2001；Garvey and Milbourn，2006；Paligorova，2008）研究了公司治理特征与运气薪酬的关系，其逻辑起点都在于高管是否拥有操纵薪酬的权力，然而对于高管权力对运气薪酬发生作用的机理却没有展开深入讨论，并提供进一步的证据。本书基于这一理论，选择薪酬委员会和审计委员会职位重叠这个观察视点，认为薪酬委员会和审计委员会职位重叠至少在董事会信息环境、高管“收买”策略这两个渠道上影响着高管对运气薪酬的操纵，并提出信息优势假说与董事迎合假说，对这两个假说的检验有助于更深刻地理解运气薪酬现象。同时，有学者研究了高管薪酬的非对称性（方军雄，2011；黎文靖和胡玉明，2012），本书则特别研究了高管运气薪酬的非对称性，不仅扩展了有关运气薪酬公平性的研究，而且从新的角度探析了上市公司的关键领导人对运气薪酬的支配作用。

（2）从资产配置战略的视角来看，国外的研究仅讨论了战略灵活性与运气薪酬的关系（Gopalan et al.，2009），而国内的研究则没有从这一视角展开，仅从攫取租金的视角探讨运气薪酬（沈艺峰和李培功，2010）。本书基于资产配置战略的视角（Gopalan et al.，2009），将研究的角度延展到公司成长性，分析快速成长中的公司是否会利用运气薪酬方案激励高管抓住行业增长的机会实现扩张。这一研究将成长战略纳入运气薪酬激励计划，丰富了当前的运气薪酬研究。

（3）很多研究注意到了管理层职位权力对于高管薪酬的操纵力，却较少建立高管议价能力的评价模型及其与薪酬的联系。本书在高管薪酬与运气模型中添加高管议价能力变量，发现议价能力强的高管所获得的运气薪酬更高，表明经理人市场对高管议价能力给出了溢价。同时，现有研究很少注意到环境不确定性对薪酬-运气敏感性的影响。在不确定的环境下，上市公司将系统风险与高管收入隔离，既有利于降低交易成本，又避免高管依靠不可控制的风险溢价获利。通过对这一问题的检验，本书从高管个人收入风险隔离的角度分析了中国上市公司高管薪酬的合理性。这些均表明，运气薪酬也可以作为一项人力资源管理的工具。

（4）运气薪酬既可以作为高管攫取租金的工具，又可以作为一种公司实现战略的手段。这一课题的研究对监管当局加强董事会治理与规范高管薪酬信息披露具有一定的启示作用，对上市公司制定有效、合理的激励方案也具有实践价值。

第二节 研究方法与内容及框架

一、研究方法

本书对公司成长性、行业竞争与高管运气薪酬之间的关系进行研究，采用的研究方法主要包括规范研究法和实证研究法。

1. 规范研究法

本书首先对国内外有关运气薪酬的相关文献、公司成长性的相关文献及行业竞争的相关文献进行了回顾，并对现有学者的研究进行了总结，进而结合最优契约理论、管理者权力理论、公司成长理论、行业竞争理论、劳动力市场理论的阐述，分析了高管运气薪酬问题。

2. 实证研究法

本书以我国沪深上市公司为样本，首先对我国上市公司高管运气薪酬进行估测，并建立相关的回归模型，其次研究薪酬委员会和审计委员会职位重叠、公司成长性、行业竞争、环境不确定性、高管议价能力对高管薪酬与运气敏感性的影响，并对检验结果进行分析与总结。

二、研究内容及框架

1. 研究内容

1）运气薪酬的理论分析

一些学者认为运气薪酬是代理问题的体现，它反映高管利用权力攫取租金（Bertrand and Mullainathan，2001；Garvey and Milbourn，2006；沈艺峰和李培功，2010），另一些学者则认为运气薪酬是最优契约的结果，它在满足战略灵活性（Gopalan et al.，2009）、减少高管个人收入风险等方面发挥了作用，同时它还能避免行业过度竞争（Aggarwal et al.，2012），在劳动力市场需求与产品市场走势存在正向关联条件下，体现高管人才的价值（Rajgopal et al.，2006；Cremers and Grinstein，2009）。一些学者的研究结果表明，基于以上多种观点的假说同时得到了经验证据的支持（Rajgopal et al.，2006）。本书结合中国上市公司的现状和制度背景，主要从董事会治理、公司成长性、高管个人收入风险、高管谈判力等角度解释高管薪酬与运气的相关性，并分析运气薪酬的特征，从而建立研究假说。

2）专题一：薪酬委员会和审计委员会职位重叠与运气薪酬：信息优势抑或董事迎合

一些学者（Bertrand and Mullainathan，2001；Garvey and Milbourn，2006）研究了董事会独立性、大股东持股、治理指数等公司治理特征与运气薪酬的关系，其逻辑起点都在于高管是否掌握了管理者权力，然而对于高管权力对运气薪酬发生作用的途径却没有展开深入讨论，并提供进一步的证据。本书选择薪酬委员会和审计委员会职位重叠这个观察视点剖析运气薪酬产生的原因，并认为薪酬委员会和审计委员会职位重叠至少在董事会信息环境、高管“收买”策略这两个渠道上影响着高管对运气薪酬的操纵，并提出信息优势假说与董事迎合假说。首先是信息优势假说：高管对不合理的薪酬总是竭力辩解与掩饰，薪酬委员会只有具备对真实业绩的预见力与鉴别力才能成功地过滤和剔除运气。而参与审计委员会的履职活动就有机会更深入地观测企业的成本、收入和利润的结构，以及高管的各种动机与行为，有助于高管获得预见力和鉴别力。在此假说下，交叉任职的董事能够更加准确地判别真实业绩和运气成分。其次是董事迎合假说：一些研究发现CEO（chief executive officer，首席执行官）与董事薪酬存在着显著正相关，经济利益上的趋同促使CEO与董事形成合谋，董事将二者共同的利益置于股东利益之上，回避对CEO的监督与批评（郑志刚等，2012；杨青等，2009；Brick et al.，2006）。尤其是在能够影响董事提名的情况下，董事为了获得连任，对CEO的提案尽量避免采取对立的态度。因此，在迎合效应作用下，对于CEO而言，在交叉任职的职位上安排与自己关系较亲密的人，与在两个专门委员会分别俘虏董事相比，是一种成本较低的操纵策略。本书以中国国有控制上市公司为样本，尝试对这两个假设进行检验。

3）专题二：公司成长性、行业竞争与运气薪酬

Gopalan 等（2009）认为高管是风险厌恶的，采取非对称的运气薪酬，能够激励高管更努力地判别形势并依据运气变化采取高匹配的投资策略。公司成长的不同阶段，是否也需要通过调节运气薪酬激励高管调整资产配置战略？本书认为：①当公司处在高速成长中时，公司需要抓住行业增长的机会实现扩张，因此，激励高管将投资战略与好运气相匹配的倾向更明显，高管的运气薪酬强度更高；②当所处的行业竞争度强时，公司面临更多不确定性，对行业变化预测准确性以及战略行动及时性的要求更高，因此，成长快速的公司愿意为运气付出更高的薪酬。

4）专题三：高管议价能力、环境不确定性与运气薪酬

Holmstrom（1982）认为由市场产生的收益是高管无法控制的，应从薪酬中剔除，让高管承担这种风险需要成本。Garvey 和 Milbourn（2003）提出使用相对业绩评价，滤掉运气因素能使高管薪酬免于暴露在系统风险中，相当于为高管提供了一份与系统风险隔离的保险，从而有利于降低交易成本。基于这一观点，本书从三个方面展开检验：①现有研究关注了薪酬对运气的敏感度，却很少注意到环

境不确定性对薪酬-运气敏感性的影响。在受行业波动性影响较大的公司中，高管更需要雇主对薪酬的安全性做出承诺，以减轻自己收入所面临的风险，因此，高管会更多地使用相对业绩评价，在现金薪酬中减少运气薪酬成分。②对于议价能力较强的高管，可能的情况是，他们既赚取了行业系统风险的溢价，又在行业业绩低迷时免于收入损失。③当环境不确定性程度较高时，经营的难度加大，高管能力的发挥受到环境限制，即使议价能力较强的高管也未必能在较高不确定性下抵御经营风险。为保证自身收入的稳定性，这些高管可能会倾向于要求企业降低其薪酬与环境变化的相关性。

2. 研究框架

全书共六章。

第一章为绪论。介绍了本书的研究背景与意义、研究方法与内容及框架。

第二章为文献综述。第一，对高管运气薪酬的国内外文献进行了回顾，主要回顾了高管运气薪酬的含义、存在的解释，以及未来可能的研究方向；第二，对有关公司成长性的国内外文献进行了回顾，主要回顾了公司成长性的衡量指标、公司成长性与高管薪酬的关系；第三，对有关行业竞争的国内外文献进行了回顾，主要回顾了行业竞争的衡量指标、行业竞争与高管薪酬的关系；第四，对有关高管议价能力的国内外文献进行了回顾，主要回顾了高管议价能力及其对影响、高管议价能力与高管薪酬的关系；第五，对有关环境不确定性的国内外文献进行了回顾，主要回顾了环境不确定性及其影响、环境不确定性与高管薪酬的关系。

第三～第五章为实证研究部分。以沪深两市上市公司为样本，分别检验了薪酬委员会和审计委员会职位重叠对运气薪酬的影响，公司成长性、行业竞争对运气薪酬的影响，以及高管议价能力、环境不确定性对运气薪酬的影响。

第六章为研究结论中得到的启示与对未来研究的展望。

具体的研究框架如图 1-1 所示。

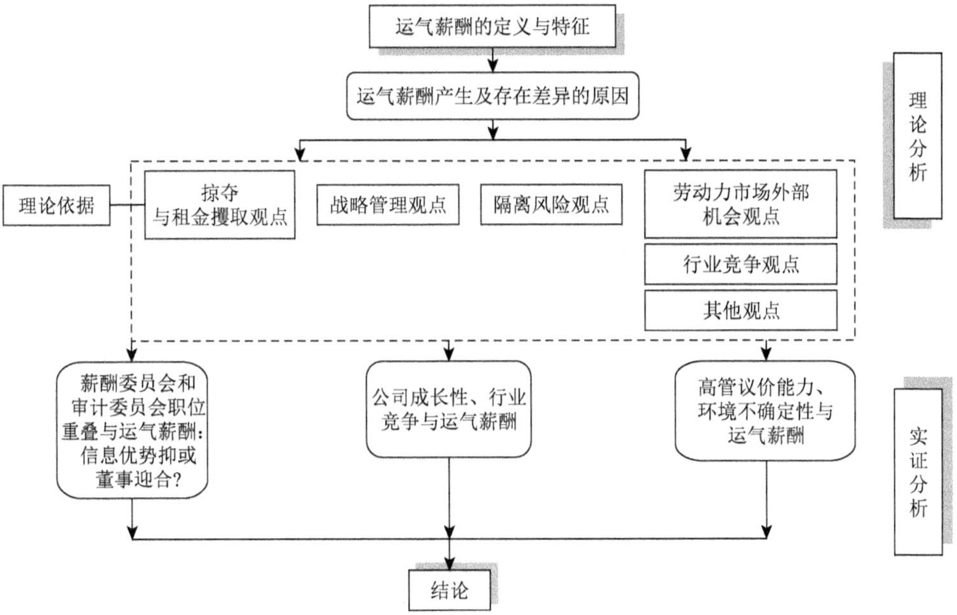
运气薪酬的定义与特征
运气薪酬产生及存在差异的原因
理论依据
掠夺
与租金攫取观点
战略管理观点
隔离风险观点
劳动力市场外部
机会观点
行业竞争观点
其他观点
理论分析
薪酬委员会和
审计委员会职位
重叠与运气薪酬:
信息优势抑或
董事迎合?
公司成长性、行业
竞争与运气薪酬
高管议价能力、
环境不确定性与
运气薪酬
实证分析
结论

图 1-1　本书研究框架

第二章 文献综述

第一节 相对业绩评价的研究

一、相对业绩评价及其前提

相对业绩评价是指在制定薪酬计划时，利用同行业绩来评估代理人的业绩。在激励契约中，相对业绩评价具有风险分担的好处（Lazear and Rosen，1981；Holmstrom，1982；Nalebuff and Stiglitz，1983）。相对业绩评价的前提是，同行的业绩可以捕捉共同的外部风险。基于这个前提，通过排除同行小组的共同效应，可以将代理人的报酬从共同风险中隔离出来，允许风险厌恶的代理人承担较少的风险（Baiman and Demski，1980；Diamond and Verrecchia，1982；Holmstrom，1979，1982）。当代理人的风险厌恶程度足够大，或者共同的不确定性较高时，基于相对业绩的激励报酬方案将会优于基于个人业绩的激励报酬方案（Lazear and Rosen，1981；Green and Stokey，1983；Holmstrom，1982）。同时，相对业绩评价通过参照同行的业绩，评价高管人员的个人业绩，委托人可以更好地评价和激励代理人的努力，从而缓解代理问题，为委托人评估代理人的行为提供了一个更有效的方法。此外，使用相对业绩评价还能激励高管超越竞争对手，从而使激励合同的效果得以改善（Hvide，2002）。Antle 和 Smith（1986）以及 Gibbons 和 Murphy（1990）认为在高管薪酬合同中增加相对业绩因素所带来的好处大于成本。

二、相对业绩评价的评价指标

CEO 的努力通常是难以观测的。因此，公司所有者在评价 CEO 业绩时，所使用的测量方法往往是不完美的或带有噪声的。早期的研究表明，在委托代理理论的框架下，如果一个业绩衡量指标相对于其他指标而言，所提供的关于 CEO 努力程度的信息量较大，那么它就较容易被纳入合约（Holmstrom，1979），而如果它能提供关于 CEO 努力程度的较精确的信号（Lambert and Larcker，1987），那么它将会在合同中获得更大的权重。

当公司所有者以实现公司价值最大化作为激励的目的时，股票价格是最好的业绩衡量指标。然而，在实践中，公司会同时使用基于股价的业绩和基于会计收益的业绩来评价 CEO 对公司价值的贡献。与股价相比，会计业绩指标易受 CEO 的操纵，但其受到来自外部冲击的影响较小（Kim and Suh，1993；Sloan，1993）。如果仅将股价作为传递 CEO 努力程度的一种信号，那么这一信号中可能存在噪声，而会计业绩指标能有效地过滤噪声，因此在合同中占据了更大的分量。Bushman 和 Indjejikian（1993）提供了另一种解释，认为在薪酬合约中增加会计指标不只是过滤股价中的噪声，会计业绩和股价在不同方面提供了 CEO 努力程度的信号。例如，股价可以体现 CEO 为净现值为正的项目所付出的努力，而会计收益则提示了 CEO 为产生当期现金流所付出的努力。

以往的文献发现，薪酬对那些较持久的，以及与价值相关的会计收益更敏感（Baber et al.，1998）。此外，成熟公司以及运营部门较少的公司更有可能在相对业绩评价中使用会计指标（De Angelis and Grinstein，2015）。这些发现表明，当董事会较容易对最优的经营活动做出识别时，会计业绩就可以作为 CEO 努力的有效的信号（De Angelis and Grinstein，2015）。

三、相对业绩评价的检验方法

1. 隐性的方法

尽管相对业绩评价理论上具有吸引力，但以往的实证研究对于公司高管的薪酬合同中是否使用了相对业绩评价却无法提供一致性的证据（Murphy，1999；Prendergast，1999）。这些研究中很大一部分应用了隐性的方法对相对业绩评价的使用情况进行检验，即由于对相对业绩评价合同的披露有限，研究人员通过将高管薪酬与整个行业的平均业绩进行回归，来推断相对业绩评价的使用情况。这种隐性方法中同行公司的组成、业绩指标和薪酬构成等方面依赖于一些简化的假设，这不可避免地会造成测量的误差（Murphy，1999；Bannister and Newman，2003）。例如，Dikolli 等（2008）从理论上证明了在同行小组选择以及同行业绩累计方面的测量误差会造成偏差，从而使相对业绩评价的证据显得模糊不清。更重要的是，依靠隐性方法进行的研究无法检验相对业绩评价合同的执行情况，而这对于评价一项激励机制的成本和效益来说至关重要（Matsumura and Shin，2006）。Albuquerque（2009）发现在研究中不仅对行业进行匹配，还匹配公司规模，这样得到的相对业绩评价的证据更加明显。

采用隐性方法检验高管薪酬合同中基于股价的相对业绩评价是否存在，实证研究所得到的证据并不一致。有些学者认为在这些研究中对同行小组的不适当选择导致了相对业绩评价的证据较少（Dikolli et al.，2008；Albuquerque，2009）。但当研究设计考虑到竞争（Defond and Park，1999）、CEO 的年龄和财富限制（Garvey and Milbourn，2003）、CEO 的外部就业机会（Rajgopal et al.，2006），同行小组在行业和规模上匹配（Albuquerque，2009）、公司增长期权（Albuquerque，2014）和系统性风险（Tice，2018）等因素时，学者就找到了相对业绩评价的证据支持。相比之下，基于会计收益的相对业绩评价的实证证据更缺少。这些研究基于隐性的方法用资产收益率（Gibbons and Murphy，1990；Albuquerque，2009）和净资产收益率（Janakiraman et al.，1992）等会计指标来检验相对业绩评价。

2. 显性的方法

1992 年 10 月 15 日，美国证券交易委员会对高管人员和董事薪酬披露的要求做了新的修订，修订了对高管人员和董事薪酬披露的要求。这些新的修订适用于 1933 年的《证券法》和 1934 年的《证券交易法》下，委托投票书及其他的信息报告，旨在增进股东对各种形式高管薪酬的理解，同时用于揭示董事会在做出薪酬决策时所使用的标准以及薪酬与公司绩效之间的关系程度。新规则要求将薪酬信息合并到一系列表格中，这些表格应涵盖 CEO 及除 CEO 之外的薪酬最高的前四位高管的薪酬信息。同时还要求公司就高管薪酬政策进行讨论，并且在业绩图中报告股东获得的累计收益。薪酬委员会应要求公司披露适用于高管人员的薪酬政策，包括描述上一财务年度所披露的高管薪酬与公司业绩之间的关系，但仅在与年度会议和董事选举有关的委托投票书及其他的信息报告中才需要提供此信息。此外，薪酬委员会还需要书面讨论本财务年度报告中 CEO 薪酬确定的依据，包括薪酬的影响因素和制定标准，以及讨论公司业绩与 CEO 薪酬之间的关系，并说明衡量 CEO 薪酬所依据的定性和定量的方法。公司需要提供业绩折线图，用于展现近五年的股东累计收益（股价上涨加上股息），并将累计股东收益与股票市场指数、已发布的产业或行业指数或根据业务范围选择的同行小组的收益情况进行比较。在确定同行小组时必须在市值相近的公司中进行选择。

这项新规则的实施使学者可以通过显性的证据检验相对业绩评价的存在，即调查相对业绩评价在高管薪酬合同中实际使用情况（Murphy，1999，2001；Bannister and Newman，2003；Carter et al.，2009）。例如，Murphy（1999）调查了 177 家美国大公司，发现样本中有 28.8%的公司在年度激励计划中使用相对业绩评价。Bannister 和 Newman（2003）调查了财富 250 强中的 160 家公司，发现其中 45 家公司使用了相对业绩评价。这两项研究都认为，相对业绩评价的使用之所以缺乏实证支持，可能与隐性方法中模型设计不规范有关。一些学者从公司的委托投票书中找到了基于股价的相对业绩评价（Bannister and Newman，2003；Gong et al.，2011）以及基于会计的相对业绩评价（De Angelis and Grinstein，2015；Gong et al.，2011）存在的证据。

另外，Carter 等（2009）使用显性的方法调查了 129 家英国公司在业绩股权授予中使用相对业绩评价的实际情况，但研究结果并不能提供证据表明公司受到共同风险等经济因素的驱使，从而在业绩股权授予中使用相对业绩评价。在英国，公司执行股权计划主要是由机构投资者施加的外部压力驱动的。

四、相对业绩评价中的同行小组

在报酬合同中使用的同行小组可以大致归类为薪酬标杆同行小组和相对业绩评价同行小组。在竞争激烈的劳动力市场中，一些公司使用薪酬标杆来衡量高管的保留工资。选择薪酬标杆同行小组的主要是一些将管理者才能视为重要竞争力的公司。Bizjak 等（2008）根据规模相似和行业相同的标准构造薪酬标杆同行公司，发现要留住有价值的人力资本，需要给予这些人才必要的市场工资，而在这一过程中薪酬标杆是衡量市场工资水平的有效机制。自从美国证券交易委员会披露的新规则生效以来，一些研究调查了公司对于薪酬标杆同行的披露（Bizjak et al.，2009；Faulkender and Yang，2010；Cadman et al.，2009；Albuquerque，2009）。

Bizjak 等（2009）、Faulkender 和 Yang（2010）的研究表明，公司通过选择高薪同行来为 CEO 超额薪酬的合理性辩护，但 Cadman 等（2009）、Albuquerque（2009）却认为，薪酬标杆同行的选择过程在很大程度上是一种有效合约的订立行为。

与薪酬标杆同行小组不同，相对业绩评价同行小组的主要目的则在于过滤共同风险，从而使高管薪酬免受共同的外部冲击的影响。平均的同行业绩被用来代表共同的外部风险，从而将 CEO 的薪酬与外部冲击隔离开来。关于薪酬标杆同行小组的理论支持可能不适用于相对业绩评价同行小组。在实践中，相对业绩评价同行小组的使用频率低于薪酬标杆同行小组。例如，Cadman 等（2009）的报告显示，在标准普尔 1500 指数的 893 家公司中，有 91%的公司使用薪酬标杆同行小组，而只有 25.44%的公司使用相对业绩评价同行小组。此外，两种小组的同行选择偏差对同行绩效的影响是相反的：业绩表现好的公司倾向于支付更高的薪酬，因此更有可能被选为薪酬标杆的同行公司，而业绩表现较差的公司更有可能被选为相对业绩评价的同行公司，以提高公司的相对业绩，从而提高薪酬激励。

也有一些研究发现，公司在相对业绩评价中使用同行小组的主要目的并非在于过滤共同风险。Carter 等（2009）手工收集在富时上市的英国公司薪酬计划中同行小组的信息，发现当系统性风险增加时，使用相对业绩评价的概率不会增加，公司之所以进行相对业绩评价主要是迫于外部监管。Gong 等（2011）也通过手工收集美国薪酬计划中的同行小组信息来检验相对业绩评价理论，发现 25%的上市公司明确地使用同行小组，而关于公司如何选择同行小组，有些与有效契约理论一致，有些与寻租理论一致。

五、相对业绩评价两种假设

一些学者提出，如果所有代理人的业绩都受到一个共同因素的影响（如行业或市场范围内的收益可视为一种共同因素），则可以评估某个代理人相对于同行小组的业绩（Baiman and Demski，1980；Diamond and Verrecchia，1982；Holmstrom，1979，1982）。Holmstrom（1982）的研究表明，如果同行代理人的数量足够大，足以形成对共同因素的精确估计，并且如果每个代理人的行为对其他任何代理人的业绩没有影响，那么应该可以完全过滤出代理人业绩中共同不确定的部分。降低与共同因素相关的系统风险可以更好地评估代理人的行为，从而提供更好的激励计划。强式的相对业绩评价假设认为，应将公因子完全过滤掉，业绩评价仅是业绩中非系统成分的函数。而弱式的相对业绩评价假设则认为，如果不能对共同因素形成精确估计，共同因素需要用误差度量，或者代理人可能影响其他代理人的绩效，那么业绩评价可能就是业绩中系统和非系统组成部分的函数。这两个假设可以用以下公式来表达：

$$\text{Compensation} = \beta_0 + \beta_1\text{Firm returns} + \beta_2\text{Industry returns} + \beta_3\text{Controls} + \text{error} \quad (2\text{-}1)$$

式中，Compensation 为高管的薪酬；Firm returns 为公司收益率；Industry returns 为行业的收益率；Controls 为控制变量；error 为误差；β_1 通常被标记为薪酬-业绩敏感性（PPS）。该公式以行业收益率为共同因素，但也可以考虑将市场收益率作为共同因素。在强式的相对业绩评价假设之下，预计 β_2 为负，其大小等于 β_1（也就是 $\beta_1 + \beta_2 = 0$）。在弱式的相对业绩评价假设下，预计 β_2 为负，但绝对值小于 β_1。综上所述，在强式（弱式）的相对业绩评价假设下，薪酬委员会在向经理支付薪酬的同时，完全（部分）过滤了整个市场的业绩。

一些学者提供了检验相对业绩评价假设的经验证据。Gibbons 和 Murphy（1990）以市场和行业收益率作为同行业绩的替代变量，将 CEO 薪酬的自然对数的变化作为解释变量，对公司股票的收益率与同行业绩进行回归，发现结果较支持弱式的相对业绩评价。但回归结果表明，市场和行业收益率在薪酬中发挥了很大的解释作用，这表明系统性风险是强加给高管的。换句话说，高管因行业和市场的增长而获得回报。一些研究也表明，强式的相对业绩评价缺乏证据，而弱式的相对业绩评价假设在实证检验中得到了一定的支持（Murphy，1985；Antle and Smith，1986；Barro J and Barro R，1990；Sloan，1993；Janakiraman et al.，1992）。

六、相对业绩评价实证结果

相对业绩评价的实证研究得到了不一致的结果。Antle 和 Smith（1986）使用不同的薪酬定义，研究了 1947～1977 年 CEO 薪酬和行业回报之间的关系，仅发现少量支持相对业绩评价使用的证据。Gibbons 和 Murphy（1990）研究了 1974～1986 年 1668 名 CEO 的薪酬变化与公司股票收益之间的关系，结果表明 CEO 薪酬变化与行业和市场业绩呈负相关关系。Jensen 和 Murphy（1990）发现 CEO 薪酬的变化与股东财富的变化呈正相关关系，但 CEO 薪酬变化与扣除行业水平的股东财富及扣除市场水平的股东财富之间没有显著关系。Aggarwal 和 Samwick（1999a）发现相对业绩评价在短期薪酬中存在，然而长期薪酬却随着行业业绩而增加。Aggarwal 和 Samwick（1999b）运用中位数回归、普通最小二乘（ordinary least square，OLS）回归等方法来研究 1993～1996 年的股票收益率，没有找到支持相对业绩评价存在的证据。Garvey 和 Milbourn（2003）研究了 CEO 薪酬和股票回报之间的关系，如果公司的经理人较年轻、财富较少，则在这些公司中可以找到相对业绩评价的证据，而对一般公司而言，实证结果不支持相对业绩评价的存在。Liu 和 Stark（2009）以英国 169 家 1971～1998 年一直存在的非金融类上市公司为研究对象，用隐性的方法对董事现金薪酬中是否使用相对业绩评价进行了实证检验。董事现金薪酬与会计盈余正相关，与同行小组的会计盈余负相关。董事的现金薪酬与公司的股票市场收益相关，但没有证据表明它与同行小组的市场收益相关。这一结果意味着，在英国董事会薪酬的设计中存在基于会计盈余的相对业绩评价，在一定程度上将董事的现金薪酬与行业的不确定性相隔离。

为什么会得到不一致的实证结果？学者认为这可能与同行小组的选择有关。Albuquerque（2009）认为规模是影响公司外部风险的最重要因素。外部冲击和应对冲击的灵活性是公司技术水平、组织复杂性和获得外部信贷能力的函数，而这些都取决于公司的规模。当同行小组由规模相似的公司组成时，实证结果是支持相对业绩评价理论的。Faulkender 和 Yang（2010）在美国公司薪酬计划中手工收集了各公司同行小组的信息，他们的结果支持相对业绩评价理论，这种直接寻找同行小组的方法优于一些传统方法，如基于行业、规模选择同行小组。

七、关于相对业绩评价证据缺乏的解释

Crystal（1991）、Rappaport（1999）、Bebchuk 等（2002）认为相对业绩评价证据的缺乏与租金攫取的观点相一致，即管理者挟持了董事会，从而可以利用行业或经济层面上的利好所带来的股价上涨来奖励自己。Bertrand 和 Mullainathan（2001）的研究表明，薪酬对运气的敏感性与对公司个体业绩的敏感性相同，当股

东分散且消极被动时，薪酬与运气的关联性更强。Bebchuk 和 Fried（2003）也对报酬契约的效果提出疑问，认为在公司治理不完善的情况下，CEO 可以通过操纵薪酬方案来影响自己的薪酬，这将导致相对业绩评价的缺乏。

同时，一些学者发现，相对业绩评价假设证据的缺乏与最佳契约观点相一致。例如，Janakiraman 等（1992）认为，相对业绩评价在薪酬实践中的适用性不足，是因为较高层的管理者有动机预测运气，并对运气做出反应。他们还指出，在寡头垄断环境下，企业之间存在战略互动，这阻碍了行业指数被纳入业绩评估。Aggarwal 和 Samwick（1999a）认为，如果公司在业绩中剔除了整个行业变化的影响，股东的境况会更糟，因为这样会激励管理者通过参与过度竞争，降低全行业的收益率，而过度竞争反过来又会降低利润。

还有一些学者认为，相对业绩评价假设证据的缺乏与劳动力市场的需求有关（Oyer，2004；Himmelberg and Hubbard，2000）。由于高管的外部机会的价值对市场具有敏感性，在工资合同中可能观测不到相对业绩评价，能观测到的是：当行业或市场范围内股票价格上涨时，有才能的 CEO 的工资将上升，公司支付给他们更高的薪酬是为了使他们的薪酬与增加的外部劳动力市场机会相匹配。市场或行业收益率的增长反映了需求和生产力的上升，进而也刺激了对管理人才的需求。当管理人才供应不足而缺乏弹性时，市场或行业收益的增加会带来 CEO 的均衡工资的增长。此外，如果市场或行业收益的增长对 CEO 的努力水平提出更高的要求，并且这种关系能够形成契约，那么委托人将要求代理人付出更多的努力（或才能），并提高薪酬水平以满足代理人的保留效用。Oyer（2004）、Himmelberg 和 Hubbard（2000）提出的理论模型所依赖的假设是：公司会因高管离职而付出成本，且在观测到经济状况后再调整薪酬方案是烦琐的。因此，没有必要将薪酬与整个市场的收益挂钩。公司最初支付一个固定工资，当面临外部报价时，公司只要将原来的工资水平调整成劳动力市场的工资水平即可。然而，相对于那些将工资与市场收益挂钩的方式，这种根据外部报价调整固定工资的方式，可能会导致谈判、信息收集和高管变更的成本上升。

八、相对业绩评价实施的后果

相对业绩评价虽然在理论上具有吸引力，但在实施中需要付出成本。锦标赛理论表明，不同代理人之间的异质性可能会削弱相对业绩评价的优点。具体来说，如果努力水平相同的代理人在比赛中获胜的机会不平等，那么相对业绩评价合同就可能导致效率低下。这种不平等的竞争可能导致处于劣势的代理人逃避（O'Keeffe et al.，1984），并可能扭曲代理人的风险选择——能力较强的代理人在进行风险投资选择时，为了保持其有利地位会变得过于保守，而能力较弱的代理人在进行风险投资时则会变得过于激进（Rosen，1986；Hvide，2002）。也有一些研究认为，相对业绩评价合同可能会对管理层产生一些负面的激励，如损害同行业绩、与同行共谋，以及选择不适当的同行小组（Gibbons and Murphy，1990；Aggarwal and Samwick，1999b；Murphy，2001）。此外，实证证据表明，竞争环境和某些管理者的属性（如自我对冲能力和外部就业机会）会降低相对业绩评价在激励合同中的好处（Aggarwal and Samwick，1999b；Rajgopal et al.，2006）。这些负面影响在一定程度上限制了相对业绩评价在薪酬合同的使用（Antle and Smith，1986；Gibbons and Murphy，1990；Janakiraman et al.，1992；Aggarwal and Samwick，1999b；Jenter and Kanaan，2008）。

一些研究还发现，相对业绩评价与 CEO 的更替相关。例如，有研究报道了 CEO 更替与不含市场收益的公司股票收益之间的关系（Gibbons and Murphy，1990；Murphy and Zimmerman，1993；Pourciau，1993；Weisbach，1988）。Defond 和 Park（1999）的研究表明，在竞争激烈的行业，相对业绩评价与 CEO 更替的关系更为密切。

Gong 等（2019）认为更多地观察同行小组的业绩可以让管理者更好地估计相对业绩评价之下所需达到的业绩水平。因此，拥有自由裁量权的管理者会将披露财务报告的时间拖到最后一刻，比同行公司更迟披露盈利，以便实现业绩目标。此外，管理者倾向于选择较及时披露盈利的公司作为同行公司，并在采用相对业绩评价之后将本公司的披露盈利时间推迟至同行披露的时间之后。

九、中国的实证研究

在中国，关于相对业绩评价的实证研究较少。肖继辉（2005）以 2002 年中国上市公司为样本，检验强式的相对业绩评价假设和弱式的相对业绩评价假设是否成立。该研究以净资产收益率（return on equity，ROE）为业绩度量，分别计算同一地区同行小组的平均净资产收益率，以及根据一位和两位行业代码计算的行业平均净资产收益率。研究结果支持弱式的相对业绩评价假设，但没有找到支持强式的相对业绩评价假设的证据。周宏和张巍（2010）基于中国 A 股上市公司 1999～2006 年的年报数据，运用综合业绩指数检验相对业绩评价的效应，发现当同行小组处于同一地区时，存在相对业绩评价的证据，而根据产业、规模来确定同行小组时，则出现相反的效应。该研究所设计的综合业绩指数带有较强的主观性。肖继辉和彭文平（2010）通过对上市公司总经理报酬与公司业绩关系的实证检验，发现净资产收益率和股票回报率对报酬有显著的正向影响，但当以同行业加总业绩为参照业绩、以同行业同规模企业加总会计收益业绩为参照业绩时，相对业绩评价假设不成立；而当以同行业同规模企业加总股票回报业绩作为参照业绩时，相对业绩评价假设成立。胡亚权和周宏（2012）基于 2001～2009 年沪深两市 551 家上市公司的数据，检验相对业绩评价假说是否存在，以及公司成长性与薪酬合约中相对业绩评价使用程度之间的关系，发现当以同行业公司为参照组，公司业绩以资产收益率衡量时，存在支持相对业绩评价假说的证据，且公司成长性越高，相对业绩评价的使用程度越低。Chen 等（2012）研究了相对业绩评价对我国上市公司高管薪酬的影响。总体而言，没有发现相对业绩评价的证据，也没有发现公司在使用相对业绩评价方面存在任何不对称。使用 Albuquerque（2009）的方法所得结果与传统方法所得结果相似。此外，相对业绩评价在非国有公司中比在国有公司中使用得更多。这可能是由国有企业的薪酬管治、激励形式的多样化以及管理者的多重任务造成的。

第二节 运气薪酬的研究

一、运气薪酬含义

运气薪酬是指超出高管控制的公司业绩的变动（Bertrand and Mullainathan，2001），在这些不可控的外生变量的影响下，运气在定量上存在困难，现有学者大多采用行业的平均业绩、石油价格、外汇汇率或其他客观性比较强，能够反映特定公司价值的业绩指标来衡量高管的运气，主要包括以市场为基础的业绩指标（Garvey and Milbourn，2006）和以会计为基础的业绩指标（Bertrand and Mullainathan，2001）。运气业绩是指行业的整体业绩，高管的运气由公司所在行业的整体业绩变动决定，代表着公司所在行业的景气程度。运气薪酬是高管从运气业绩中所获得的报酬。

Bertrand 和 Mullainathan（2001）的研究中，首先采用了三个指标来衡量运气因素，即行业的平均业绩、石油价格和外汇汇率。通过这三个指标对石油行业的高管运气薪酬进行回归，结果发现高管薪酬中存在运气薪酬支付现象，然后将该研究推广至其他行业，研究结论同样成立。这说明高管因好运气获得了更高的薪酬支付。

Garvey 和 Milbourn（2006）采用公司所属行业加权平均股票收益率（以股价作为权数）作为运气的衡量指标，研究发现高管薪酬中存在为运气而支付薪酬的现象。

二、关于运气薪酬存在的解释

1. 掠夺与租金攫取观点

传统的委托代理理论认为薪酬是解决道德风险的工具。但现实中，管理层可以凭借不可控的外生性运气获取额外薪酬，这表明薪酬本身也可能是道德风险的一种表现。掠夺与租金攫取学说对运气薪酬做出了解释，它们基于议价能力模型，认为高管拥有较大或全部的议价能力，从而获取了薪酬设定的实际控制权。委托代理下的契约理论认为，股东掌握着制定薪酬的控制权，而掠夺与租金攫取学说则对此提出疑问，认为最优契约发挥作用的条件难以得到满足。在较差的公司治理机制下，薪酬委员会往往偏离为股东争取最优利益的目标，去迎合 CEO 的意愿，CEO 从而获得了薪酬设定的实际控制权。当然，薪酬委员会也担心 CEO 的掠夺会招致股东的注意，因此选择在运气好时提高薪酬。由于好运气带来了公司整体业绩的上升，股东不会太在意向高管支付高额薪酬。Bertrand 和 Mullainathan（2001）的研究为掠夺理论提供了证据，他们将运气薪酬定义为能够对公司业绩产生冲击的、高管不可控的可观测因素，首先以石油、贸易行业为样本，分别使用石油价格和外汇汇率代表运气，其次以各行业公司为样本，使用行业平均业绩代表运气，实证结果显示，高管薪酬对运气因素呈现显著的敏感性；在治理状况较差的公司，运气薪酬更为严重。

Bebchuk 和 Fried（2004）的管理者权力理论及攫取租金理论比掠夺理论更为深化与系统，他们将运气薪酬解释为一种经济租金，认为高管利用权力使其薪酬超过在最优契约下的最优水平，从而构成了租金。首先，CEO 常常操纵独立董事的人选。受聘的独立董事作为局外人难以掌握关于公司的足够信息，同时，他们在公司领取薪酬，也没有经济动机对 CEO 进行监督，因此常常顺从于 CEO。其次，从外部约束方面来看，来自劳动力、控制权、资本与产品市场的力量并不能让 CEO 与股东的利益达成一致。另外，股东要阻止 CEO 在薪酬上攫取租金会遇到许多困难。在约束不力的情况下，CEO 薪酬超过在最优契约下的最优水平，从而构成了租金。管理者权力的一个重要证据就是 CEO 薪酬基于股票的绝对价格，即使 CEO 的工作对公司毫无贡献，甚至损害了股东利益，仍然能因市场的整体上升而得到奖赏。能够对管理者权力构成一定约束的是“公愤”成本。“公愤”使 CEO 和董事陷入窘境及面临声誉受损的威胁，同时降低了股东在控制权争夺中支持现任 CEO 的意愿。为缓解外部“公愤”，高管有动机进行伪装（camouflage），即对攫取租金行为进行掩饰或合法化。

一些有关运气薪酬的研究为租金攫取假设提供了证据，并且经研究发现，在公司治理水平较差的环境中，这种证据更明显。Garvey 和 Milbourn（2006）的研究发现，当行业或市场的行情较好时，CEO 薪酬对行业或市场业绩的敏感性上升，这表明 CEO 有效地操纵了薪酬的制定，将股东的财富向自身转移。Paligorova（2008）研究了董事会独立性对运气薪酬的影响：萨班斯-奥克斯利法案规定上市公司董事会中独立董事必须占多数。董事会缺乏独立性的公司在实施萨班斯-奥克斯利法案后，强化了业绩薪酬，削减了运气薪酬。而董事会独立性较强的公司基本上不存在运气薪酬，萨班斯-奥克斯利法案实施前后其业绩薪酬没有出现明显变化，这一结论支持了租金攫取假设。Bertrand 和 Mullainathan（2001）发现，高管薪酬对运气因素呈显著敏感性，在治理状况较差的公司，运气薪酬更为严重。Garvey 和 Milbourn（2006）还进一步证明了运气薪酬存在非对称性，好运气所带来的薪酬增长超过了坏运气导致的薪酬下滑，在治理状况较差的公司尤其如此。Kim（2010）发现运气薪酬敏感度随着大股东持股的周转率增加而增加，而对来自管理才能的薪酬敏感度随着大股东持股量的增加而增加。此外，当股东周转率较高时，CEO 薪酬随好运气增加，但运气坏时不会减少相同的值，且 CEO 的超额报酬更大，由此解释了 CEO 寻租行为部分是大股东的投资短视所导致的。Jouber 和 Fakhfakh（2012）认为，在较强的公司治理、投资者保护力度较大，以及执法规则较严格的条件下，运气薪酬的非对称性普遍降低。制度因素在解释各国之间运气薪酬差异上是绝对有影响力的变量。Chiu 等（2016）以美国 2091 家上市公司为样本，以利率、汇率和通货膨胀等宏观经济波动衡量运气，研究结果支持了管理者权力假说，即 CEO 在代理角色中倾向优先为自己输送现金流。如果 CEO 薪酬出现非对称性，董事会应将宏观因素从业绩中过滤掉。

国内的学者也提供了掠夺假说的证据。沈艺峰和李培功（2010）的研究发现，较非国有企业而言，国有企业高管运气薪酬的现象更为严重，解决这一问题必须完善国有企业治理结构。杨青等（2014）从实际控制人的角度出发进行研究，发现与非国有企业相比，国有企业的高管运气薪酬支付现象更严重，研究结果支持了掠夺假说。邓晓岚等（2015）以 2007～2012 年我国 A 股上市公司为研究对象，实证检验薪酬委员会和审计委员会职位重叠对 CEO 运气薪酬的影响，研究结果发现薪酬委员会和审计委员会职位重叠主要削弱了 CEO 薪酬对好运气的敏感程度。

然而，也有一些学者提出了反对的声音。Jiménez-Angueira 和 Stuart（2015）认为 CEO 事后实施激励的方式包括相对业绩评价和运气薪酬。具体来说，无论行业表现如何，CEO 只有在业绩超过参照组时才倾向使用相对业绩评价；当行业条件有利时，更倾向使用运气薪酬。CEO 在事后试图影响薪酬委员会选择相对业绩评价或运气薪酬以提高薪酬，从而使薪酬不受最差绩效结果的影响。然而，CEO 不会得到双倍薪酬，当相对业绩评价和运气薪酬都有利时，薪酬不会进一步增加。当公司治理较好时，这些薪酬模式更加得到强化。

2. 战略管理观点

Janakiraman 等（1992）认为不将运气从企业总业绩中滤除是一个更好的业绩评价方案，因为这能激励高管对运气做出预测并采取相应行动。Gopalan 等

（2009）认为运气薪酬是一种最优契约设计。公司业绩中来自运气的部分并不完全外生，也取决于高管如何针对行业业绩变化采取经济风险暴露战略。根据行业业绩变换战略的能力称为战略灵活性。高管是风险厌恶的，为达到激励效果，公司的战略灵活性越高，薪酬对运气的敏感性也越应得到提高；运气好时，提高薪酬对运气的敏感性能给股东带来更高的边际收益，因此产生了非对称性的运气薪酬。在战略灵活性较强的公司，运气薪酬的非对称性会更强。

3. 隔离风险观点

Holmstrom（1982）认为由市场产生的收益是高管无法控制的，应从薪酬中剔除，让高管承担这种风险需要成本。Garvey 和 Milbourn（2003）认为高管能够通过套利在个人财富中去掉市场风险，但这种能力取决于高管的财富积累数量及将人力资本转化为个人财富的能力。年轻和财富较少的高管缺乏这种能力，需要雇主为他们提供对抗系统风险的保险，而使用相对业绩评价能使高管薪酬少受系统风险的影响，相当于为高管提供了一份与系统风险隔离的保险。Chaigneau 和 Sahuguet（2012）认为保险功能能够解释运气薪酬的不对称性。

4. 劳动力市场外部机会观点

Oyer（2004）、Himmelberg 和 Hubbard（2000）认为高管的外部机会与行业业绩相关联，当行业处于景气阶段时，新开工增多，对高管才能的需求和出价也相应增大。这时如果参照相对业绩制定薪酬，容易导致高管离职，运气薪酬是一种最优的选择。Cremers 和 Grinstein（2009）发现，在从外部经理人市场聘用 CEO 多的行业中，CEO 存在更明显的运气薪酬。Hoffmann 和 Pfeil（2010）、Rajgopal 等（2006）认为市场的繁荣提高了 CEO 为公司服务的边际价值，劳动力市场对高才能的 CEO 需求也增加，而高才能的 CEO 供求是缺乏弹性的。因此，在市场向好时，高才能的 CEO 所得到的运气薪酬较大。Campbell 和 Thompson（2015）基于股票和经营业绩衡量运气、衡量 CEO 薪酬不对称，并以有利的劳动力市场机会来衡量 CEO 去留问题，他们还发现这一变量解释了大部分薪酬支付不对称问题，而 CEO 权力和破产避免的激励计划只是与运气薪酬的不对称弱相关。Chaigneau 和 Sahuguet（2012）认为最优契约合同旨在挽留经理层并为其提供保险，挽留动机解释了高管薪酬中的运气部分，而保险功能则解释了运气薪酬的不对称性。

5. 行业竞争观点

Aggarwal 和 Samwick（1999b）将行业业绩视为竞争对手的平均业绩，从产品市场竞争的视角分析行业业绩对高管薪酬的影响。他们建立了一个战略竞争环境下的委托代理最优契约模型，认为在产品市场竞争激烈的行业，产品替代程度高，高管倾向通过降价争夺市场份额。各公司的股东为了保持利润，将竞争对手的业绩纳入高管薪酬的计划，并使高管薪酬相对竞争对手业绩的敏感系数大于 1，这样弱化了竞争的压力，阻止了价格战，产品的均衡价格得到了提高，行业内各厂商保持了较高的利润。在竞争程度低的行业，高管打价格战的动机小，股东在薪酬设计中也就相对降低了竞争对手业绩的敏感系数。

6. 其他观点

一些研究发现，在控制了某些变量后，运气薪酬或运气薪酬的非对称性并不存在。例如，Naveen 等（2016）研究了运气薪酬的非对称性，将股票收益分为运气部分和能力部分，同时发现运气和能力存在负相关的关系，随着公司规模的增加，这种负相关的关系更加显著，在控制了公司规模后发现，运气和能力不存在相关性，运气薪酬并不存在非对称性。Devaro 等（2014）认为，在关系契约下，公司可以可靠地承诺 CEO 在好的状况下比在坏的状况下获得更大的奖金，这主要取决于状况的持久性和公司的贴现因素。而正式契约则意味着在两种状况下拥有相同的奖金。实证结果发现 CEO 年度奖金与运气相关，这与关系契约相一致。Göx（2008）研究了固定工资的税收抵扣限制对薪酬的影响，发现运气奖励是对税法变化的最优反映，而不是管理层防御所致。Levy（2016）认为将高管薪酬与期权相联系，可以增加高管对风险项目的需求，因此基于期权的薪酬可以在风险规避的高管和风险中性的股东之间达成平衡。但是，基于期权的薪酬中大约 90%是由运气薪酬构成的，这说明了高管薪酬在很大程度上取决于运气业绩，而不是高管才能在有效市场竞争的结果；运气在决定企业业绩方面起主导作用，标准期权对理性的高管产生的激励作用较小。

三、未来可能的研究方向

随着治理结构规范的建立与完善，传统的董事会特征指标值在各上市公司中差距逐渐缩小，指标的趋同要求学术界从新的视角考量董事会公司治理与运气薪酬的关系。当前文献对不同战略需求和不同内外部环境，以及不同行业背景所适应的运气薪酬政策均讨论不足。此外，国内的相关研究较少，且关注较多的是管理者权力这个视角。中国上市公司高管的运气薪酬特征如何、受哪种因素影响，还需要进一步调查与分析。

第三节　公司成长性的研究

一、公司成长性的衡量

公司成长性是公司取得可持续发展的必要条件，是使公司自身的潜在能力得到充分发挥的能力，公司成长性在很大程度上能够体现公司把握投资机会的能力。对公司成长性的研究有利于提高企业的绩效。公司成长性的影响因素涉及很多方面，不同学者评价公司成长性得出的结论会因角度的不同而产生冲突，因此，如何全面、客观地衡量成长性是一项艰巨的任务。

Barnholt（1997）对成长性评价指标进行了逐个分析，结果指出公司成长性可以通过公司的利润总额、资产总额、销售收入等相关指标表示出来。由于公司的营业收入类的指标比较容易获取，并且能够被广泛应用在各种类型的公司中，这些因素成为描述和评价公司成长性应用度最高的指标。

Garner 等（2002）设计了中小型高技术公司成长的七个综合评价标准，采用层次分析法对相关因素的重要性及权重进行了分析，其中权重最大的为市场潜力，然后是政府支持程度。

Delmar 等（2003）选择成长的规则性、相对和绝对的员工增长与销售增长等 19 个指标作为对公司成长性的度量指标，确定上市公司中的公司成长类型，即确定公司属于高成长公司还是低成长公司。

王青燕和何有世（2005）采用因子分析法和回归分析法对我国上市公司的公

司成长性决定因素进行了统计分析，其研究中选取的公司成长性的衡量指标主要包括净利润增长率、主营利润增长率、主营业务增长率。

慕静等（2005）对我国高成长性的公司所具备的特征进行了分析，创新地设计出一个评价指标体系，构成这种体系的指标主要包括营运水平、盈利水平及发展速度。

马璐和胡江娴（2005）选取一定的指标进行了公司成长性的研究，目的是确定一种评价公司成长性的指标体系，在研究中选用的指标主要包括公司的制度体系建设、公司的核心能力、市场营销能力及公司所处的行业状况。

谢军（2006）选取了 763 家上市公司的截面数据为样本研究股利政策、公司的第一大股东与公司成长性的关系，采用市净率来衡量公司成长性。

陈晓红等（2007a）在衡量公司成长性的指标中加入了市场波动性风险因素。

李定珍等（2007）以我国零售行业上市公司为样本，对公司成长性进行了一定的评价，并选取了一定的指标衡量公司成长性，其所选取的指标主要包括公司的成长能力、公司的获利能力、公司的营运能力、公司的偿债能力四个方面的 13 个财务指标。

符林等（2008）在研究上市公司的成长性时，选取了 11 个行业 411 家公司的数据为样本，采用多变量的方式衡量公司成长性，选择的衡量指标主要包括偿债能力、资产增长率、净利润增长率、资金实力、收入增长率。

屈小华（2010）以我国信息技术业的公司为样本，研究了上市公司的成长性及影响公司成长性的因素，结果显示公司成长性在很大程度上受公司的规模及资产负债率的影响。

谭庆美和吴金克（2011）选取中小型上市公司的数据为样本，用资产账面市值比率衡量公司成长性，回归结果显示公司成长性与公司的长期负债率、资产负债率均呈正相关的关系。因此他们认为，负债管理有助于进行更有价值的投资，提高企业的经营效率，促进企业的成长。

穆林娟和张力（2011）研究发现，公司成长性与盈利能力、偿债能力、管理水平、科研水平有显著的关系。

梁毕明（2012）在多重财务指标构造的基础上，以创业板上市公司为样本，构建了一个评价公司成长性的指标框架，根据累计贡献水平挑选出创业板上市公司的多个因素，并按影响程度进行了排序，结果发现公司成长性与财务指标排序的一致性程度较高。

李敏娜和王铁男（2014）研究了董事网络与公司成长性之间的关系，选取产出规模、投入规模、价值规模及盈利规模四个方面来衡量公司成长性，并采取相应的财务指标来衡量这四个方面的公司成长性，因为财务指标之间具有高度的相关性，其最终的选择是将销售收入增长率作为衡量公司成长性的指标。

李文勤（2014）采用因子分析法对影响创业板上市公司的成长性的因素进行了分析，研究结果表明，公司成长性与其发展能力、盈利能力、营运能力显著相关，资产管理和持续获取盈利的能力对公司的健康与持续发展起到重要作用。

马红和王元月（2015）在研究融资约束与公司成长性的关系时，采用主营业务增长率作为公司成长性的衡量指标。

李旭红（2016）在研究公司成长性时，采取突变级数理论的公司成长模型对公司成长性进行了衡量，该模型选取财务指标和一般指标来衡量公司成长性，其中财务指标主要包括营运的能力、增长的能力和盈利的能力；而一般类指标则主要包括公司的规模和市场的预期；该理论模型的建立，克服了采用单一指标衡量公司成长性的局限。

二、公司成长性与高管薪酬

在高管激励问题的研究中，薪酬与公司成长性的关系一直受到学者关注。大部分研究发现，高管薪酬与公司成长性存在显著的正相关关系。

Smith 和 Watts（1992）的研究指出，高管薪酬激励作为公司的治理结构，能够对公司的特征起到决定性的作用。公司成长性越好，使用股权激励的概率就越高，而运用股权激励可以更好地增加高管人员的薪酬。Mehan 等（1995）的研究发现，公司成长性变量和高管股权激励强度之间存在正相关的关系。

Gailly 等（2004）以比利时的上市公司为样本，对公司成长性进行了研究，利用主成分分析法研究发现，比利时上市公司的高管薪酬与公司成长性之间存在显著的正相关关系。

周嘉南和黄登仕（2006）、杜兴强和王丽华（2007）的研究结果均表明，公司的价值、公司的所有者权益增加额与高管薪酬存在显著的正相关关系。在公司成长性较高的公司中，高管持有的股份越多，公司越会显著地提高股票报酬率（胡阳等，2006）。

Brick（2006）的研究结果表明，公司的治理机制及公司的特征会显著影响公司高管薪酬。在外资公司和私人控股公司中，公司的股票市价与高管薪酬存在显著的相关关系（Rehbein，2007）。

陈晓红等（2007b）在对公司成长性的相关研究中指出，公司成长性受到高管薪酬激励方式的影响，且二者存在显著的正相关关系。相同期间的研究发现，在制定高管薪酬契约时，一些企业加大了相关风险性因素（如股票期权）在薪酬结构中的比重（Heron et al.，2007）。

韩志丽等（2008）的研究发现，在成长性较高的公司，高管薪酬激励与公司成长性呈显著的正相关关系，而在成长性较低的公司中，高管薪酬激励与公司成长性则呈微弱的负相关关系。

鲁小东等（2011）研究了公司成长性对公司员工薪酬的影响作用，研究结果发现员工薪酬与公司成长性之间呈正相关的关系，而高管薪酬与公司成长性的关系呈倒“U”形。

胡亚权和周宏（2012）以我国沪深 551 家上市公司的数据为样本，研究相对业绩评价假说的存在性及公司成长性与薪酬合约中相对业绩评价使用程度之间的关系，研究结果显示，对于成长性公司来说，公司面临变动更大的环境，此时若企业设计薪酬合约时使用相对业绩评价可以降低代理人面临的薪酬风险。

夏宁和董艳（2014）选取我国深市中小上市公司为样本进行实证分析，通过探究薪酬激励与公司成长性的关系，试图寻找使公司得以持续发展的方式。实证研究结果表明，在中小上市公司中高管薪酬与员工薪酬具有激励作用，能够提高公司成长性。

Li 等（2014）以 2007～2012 年旅游上市公司的面板数据为样本，通过对相关数据进行主成分分析，以期获取旅游上市公司的增长指标，并研究了旅游业上市公司的高管薪酬与公司成长性之间的关系，结果发现货币薪酬与旅游上市公司的成长性呈现正相关的关系。

王爱国和王哲（2016）以 2009～2013 年的相关数据为样本，分析沪深上市公司央企高管-职工薪酬差距与公司成长性之间的相关性，实证研究结果表明，央企高管-职工薪酬差距与公司成长性之间存在显著的相关性；应当根据公司所处的成长阶段，适时地完善高管薪酬激励制度，尽可能地减少薪酬黏性，解决央企高管薪酬的固化问题。

第四节 行业竞争的研究

一、行业竞争的衡量

目前，对于行业竞争替代变量的选取指标主要包括行业集中度、行业内公司的家数、勒纳指数、国有控制公司在行业中所占的比重、公司间竞争策略敏感性等指标。

Aggarwal（1999b）、Li（2010）、林乐等（2013）、刘凤委和李琦（2013）、王东青和邹婷（2015）在有关行业竞争的研究中，均采用行业集中度来反映行业的竞争程度，即在全部上市公司中分年度计算各行业营业收入的赫芬达尔-赫希曼指数（Herfindahl-Hirschman index，HHI），当该指数高于当年所有行业该指数的中值时为低竞争行业，否则为高竞争行业。

Porter（1980）的实证研究发现，行业内公司的家数能够影响公司的行业竞争程度，即行业内公司的家数越多，行业的竞争程度就越高。而Balakrishnan等（2011）在相关研究中采用当年特定行业内公司的家数的倒数作为行业竞争程度的一个替代变量。

Lyandres（2004）、Frank 和 Goyal（2004）、吴昊旻和王华（2009）考虑交叉价格弹性的数据不易获取，因此选择 HHI、杠杆的行业中值、公司间竞争策略敏感性作为产品市场竞争强度的衡量指标进行研究。

Aharony 等（2000）、陈冬华等（2005）、辛清泉和谭伟强（2009）、江伟（2011）在研究行业竞争的论题时，将全部上市公司直观地划分为保护型行业与非保护型行业，其中保护型行业包括能源和原材料、石油化工，其余全部是非保护型行业。

钟田丽和范宇（2004）、刘凤委等（2007）、曹荣和王怀明（2016）在有关行业竞争的研究中，采用业绩水平的高低及离散程度作为行业竞争的划分标准，毛利率均值处于较低水平并且离散程度处于较高水平的行业定义为高竞争行业，反之为低竞争行业。Cremers 等（2008）的研究中采用行业内各个体企业勒纳指数的中值作为行业竞争程度的一个替代变量。

徐龙炳和李科（2010）在研究融资约束与行业竞争时提出，公司相对于行业销售的变化能综合反映公司的定价策略、投资及其他竞争策略的信息，因此选择公司销售增长率相对于杠杆的行业中值的变化来衡量公司在产品市场的竞争地位。

周夏飞和周强龙（2014）在研究行业竞争与公司盈余管理的关系时，选择三种不同的方式来衡量行业竞争度：其一，行业内公司的家数的倒数，行业内公司的家数越多，竞争程度就越高；其二，行业集中度，即选取行业内最大的四家公司的销售额占全部行业销售额的比重作为行业竞争度的衡量指标；其三，选取各公司勒纳指数的中值作为行业竞争度的衡量指标。

吴国鼎（2015）的研究发现，具有垄断性的行业、公用事业及具有特殊专营的行业等一般属于非竞争行业，并且这些行业中的公司基本属于国有企业，因此，其按照国有企业在行业中所占的比重作为划分竞争与非竞争行业的标准，凡是国有控制公司占比小的行业就是竞争性行业，反之则为非竞争性行业。

二、行业竞争与高管薪酬

在竞争激烈的行业中，公司很难获得超额的利润，假如公司不能创造和维持竞争优势，将面临较大的亏损破产风险。因此在高竞争行业中，公司的绩效更多地与高管的能力相关联。为了激励高管更努力地工作，高竞争行业的公司往往会增加对高管薪酬激励强度。

魏刚（2000）统计了我国上市公司的 21 种行业，并且在研究中设置了行业虚拟变量，研究结果发现，行业因素影响高管薪酬水平，并且房地产行业、食品行业和高技术行业对高管薪酬水平的影响显著。

陈志广（2002）认为化工、电子通信、医药等行业中，行业因素对高管薪酬的影响较显著，而其他行业中，行业因素对高管薪酬的影响不显著。李兴绪等（2004）则认为在电子通信行业、轻工制造行业、金融地产行业、农林牧副渔行业和重工业制造行业的高管薪酬的显著性更高。

谌新民和刘善敏（2003）研究发现我国上市公司高管的年薪有显著的行业差异，不同行业的公司高管薪酬的影响因素主要有：不同行业的公司之间的竞争程度、不同行业之间的治理结构及薪酬激励制度、不同行业的垄断程度及取得的垄断利润的大小。

刘金岩和牛建波（2008）选择1998～2003年的数据为样本，结合中国上市公司最终控制人的特征，研究产品市场竞争对高管激励的影响。实证结果显示，当产品的市场竞争超过一定的程度之后，市场竞争与管理层激励效应存在显著的正相关关系，并且与国有控制上市公司相比，这种关系在民营控制公司中更强烈。

Beiner 等（2011）以瑞士某公司为样本，研究了市场竞争对高管薪酬激励的影响，实证研究结果显示，公司对高管薪酬激励强度随着市场竞争程度的增加而增强。Karuna（2007）在对行业竞争的研究中指出，高管薪酬受行业特征的影响，与低竞争行业的公司相比，处于高竞争行业的公司高管薪酬更高。

Harvey 和 Keith（2012）研究了产品市场竞争对高管激励效果的影响，结果显示，产品市场竞争越激烈，高管获得的薪酬越高。徐宏忠等（2012）以2001～2008年我国沪深两市的非金融上市公司为样本，研究了行业差异对薪酬的影响，结果表明，产品市场竞争影响行业的高管薪酬支付，竞争越激烈的行业，高管获得的薪酬越高。

李世尧（2013）运用面板数据的估计方法研究了我国竞争行业与垄断行业之间高管薪酬激励的差异，结果表明，在竞争行业的公司中，高管薪酬与公司业绩呈正相关的关系，竞争行业高管持股比重与公司业绩也呈正相关的关系。

林乐等（2013）基于我国私人控制上市公司的数据研究发现，当行业竞争程度越高时，高管的经营才能对股东财富的增长所起的作用越大，此时，对公司的高管而言，只有不断提高自身的能力，尽可能地保证工作的正确程度，才能使公司取得相较于竞争对手更好的业绩水平。

曹慧和王妙英（2014）将高管激励分为激励不足与激励过度两种情况，并实证研究了行业竞争与股权性质对高管薪酬的影响，结果发现：行业竞争可以改善高管薪酬激励不足及激励过度现象，并且在高管薪酬激励过度的情况下，非国有上市公司的高管激励过度现象更严重。

张弛（2015）的研究指出，公司应当制定合理的薪酬制度，保证给予高管合适的薪酬激励，这样可以更好地激励高管将个人目标与公司的经营目标紧密结合；我国的国有控制公司大部分属于高竞争的行业，因此国有控制公司在制定薪酬契约时，应当在薪酬结构中增加中长期激励的比重，建立更加完善的薪酬评价制度。

Semba 等（2016）研究了上市公司高管能力与薪酬之间的关系，实证研究结果表明：拥有高管理能力的高管能够获得较高的薪酬支付，并且这种关系仅存在于高竞争的行业中。

盛宇华和胡俊喆（2016）研究了行业竞争对上市公司高管的外部薪酬差距的影响，研究结果显示，公司所在的行业竞争程度与外部高管薪酬差距呈现显著的负相关关系，行业竞争程度会调节绩效对薪酬差距的影响，也就是说公司的行业竞争程度越高，公司绩效对高管薪酬差距的影响越大。

第五节　高管议价能力的研究

一、高管议价能力及其影响

高管议价能力作为衡量高管特征的重要指标，是指高管与董事会就其薪酬水平进行谈判时拥有的讨价还价的能力。一般认为受教育程度高、技能水平强、行业经验丰富的高管拥有更强的议价能力。

Hambrick 和 Mason（1984）提出“高阶管理理论”，高管特征包括任期长短、教育水平、年龄、行业经验等，而这些特征会直接影响其对公司战略的选择，从而影响公司的经营决策。

Kaplan 等（2012）将高管特征细分为 30 个方面，研究高管特征对公司经营管理的影响，结果表明：社交能力、人际关系处理能力、受教育程度、团队决策能力及行业经验等与公司的投资决策显著相关，并且与公司业绩表现显著正相关。

Banker等（2013）研究高管薪酬与过去绩效指标之间的关系，将过去绩效指标作为衡量高管能力的因素。研究发现，在公司聘请新的高管时，通常会根据高管以往的业绩表现来决定高管的层级和薪酬。高管薪酬可以划分为工资与奖金两个部分，工资可以满足高管的预留效用和信息租金，并随着时间推移与业绩表现呈正相关关系来反映高管的能力，而奖金则是对高管的激励。

Demerjian等（2012）将总体效率分为企业层面和个人经理层面的效率，构建了更全面的测度高管能力的方法。高管能力测度是将高管的效率与同行业相比，反映高管将公司资源转化为收入的能力。同时，他们将公司层面的效率从总体效率中剔除，从而得出个人经理层面的能力。

缪毅和胡奕明（2014）将总经理利用权力攫取的超额薪酬视为其在薪酬方面的议价能力。总经理任职年限、持股比重及兼任情况作为衡量总经理权力的指标，通过主成分分析计算得分后将总经理权力与其薪酬水平进行回归发现，随着个人权力的不断提高，总经理将获得更大的薪酬，并且公司内薪酬差距不断扩大。

Jung和Subramanian（2017）分析了产品市场特征对公司利润、公司价值及高管薪酬的影响。在竞争激烈的市场中，有能力的高管地位更高，因为这些高管能使公司的产品更新换代的速度加快，提高产品的竞争优势。而公司利润、公司价值与高管薪酬全部随着公司排名的提高而提高。

徐鑫（2005）将CEO个人特征细分为人力资本变量和经营角色变量两个方面。人力资本变量是人的知识、能力和经验的总和，对于议价能力强的CEO而言，体现为经历长期的教育、获得较多的培训投资和丰富的工作经验。经营角色变量是人在企业战略、战术的制定，内部管理结构的组织和各种人员类型的配置及生产经营成果等方面的表现。

Uygur（2017）考察了CEO能力对公司不透明度的影响。其研究认为，高能力的CEO会创造更大的透明度向市场传递信号，来表现他们的能力，而低能力的CEO通过限制可用信息来阻止市场对其才能的判断。由于缺乏强大的公司治理，低能力的CEO被信息的不透明性掩盖，同时降低了公司的价值。

Gan和Park（2017）考察了CEO管理能力与现金边际价值之间的关系。有才能的CEO会更好地利用现金，显著地提高现金的边际价值。对于较高自由现金流量的公司而言，管理能力对现金边际价值的积极影响更为明显。

二、高管议价能力与高管薪酬

高管议价能力被认为体现了高管管理决策能力和应对环境变化的能力。在相同的行业风险中，当经济环境良好时为公司带来更大的利润，而当经济环境较差时为公司避免了更大的损失。而将高管薪酬与公司业绩相关联，议价能力又变成高管为自己谋取私利的手段。

Daines 等（2005）将 CEO 的能力以高低区分，认为能力较高的 CEO 基于薪酬-业绩模型获得较高薪酬。特别的是，当行业低迷时，能力强的 CEO 能够更容易扭转公司的命运，即为公司带来好的业绩，从而获得更高的薪酬。

徐鑫（2005）的研究发现，高管的人力资本和经营角色特征与高管薪酬呈显著相关的关系。

Rajgopal 等（2006）的研究表明，才能高的高管在外部劳动力市场拥有更多的就业机会，因此公司可能更多地以外部劳动力市场报酬作为确定高管薪酬的标准，而不是公司业绩作为这类高管薪酬评价的指标，这将降低高管对业绩的敏感性，而使高管薪酬与其才能关联在一起。

Bizjak 等（2008）经过实证研究认为，高管原先与董事会约定的薪酬在同行业中位数以下的水平，实际却收到行业中位数水平以上的薪酬，这可能与行业业绩有关。高管因为行业业绩较好而获得了较高的薪酬，但是由于高管实际薪酬与能力并不匹配，高管存在严重的失业风险。

孙前路（2009）收集了 194 家上市民营公司样本，建立了公司经营绩效评价体系，探讨了上市民营公司经营绩效、高管学历对高管薪酬的影响。实证结果表明，上市民营公司经营绩效、高管学历与高管薪酬显著正相关。

颜科帆和熊紫彬（2017）提出，高管自身的素质与公司业绩之间存在一定的相关性，并最终影响高管自身的薪酬。他们从高管持股比重、年龄、学习能力等角度评价了高管特征，研究发现，年龄、学历都与高管薪酬存在明显的正相关关系，高管通过董事长和 CEO 两职兼任操纵薪酬。

第六节 环境不确定性的研究

一、环境不确定性及其影响

国内外学者从不同的角度对环境不确定性进行了界定。Tan 和 Litschert（1994）提出环境不确定性是指与公司经营活动相关的、可察觉到的环境不稳定的程度。最早有学者提出用异质性与同质性、稳定性与动态性两个维度来描述环境不确定性（Thompson，1967）。一些学者则将不确定性分为复杂性与动态性两个维度。复杂性是指影响公司管理活动的环境因素的多少；动态性是指影响公司管理活动的相关环境因素的变动次数和变化幅度（Duncan，1972）。

Milliken（1987）将环境不确定性定义为：一是对将来发生事件的可能性无法赋值；二是事件发生缺乏前后因果关系；三是管理决策导致的结果无法预测。不同行业所呈现的不确定性不尽相同，但一般可以从复杂性和动态性两个维度划分环境不确定性。复杂性表示外部环境因素的种类和数量，通常外部因素越少，不确定性越小；动态性取决于环境中各因素的变化及变化的可预见性，代表了外部环境的稳定性。

Özsomer 等（1997）的研究发现，环境不确定性的主要特征是行业的变化和创新的速度，以及竞争对手和客户行为具有不确定性与不可预测性。而高管对环境的谨慎态度，促使这些处于环境威胁情况之中的公司更加关注产品的研究和开发，从而提高了自身的竞争优势。

Jansen 等（2006）将从动态性和竞争性两方面来衡量环境的不确定性，其中竞争性指的是外部竞争的程度，竞争越激烈，环境不确定性越高。

Ghosh 和 Olsen（2009）认为，环境不确定性会增加高管与外部利益相关者之间信息不对称的程度。在信息不透明时，债权人会提高公司的债务融资成本或减少投资规模来进行自我保护。同样地，在环境不确定性高的情况下，高管由于信息的缺乏，难以合理预计环境变化可能带来的收益和成本，从而提高了决策失败的成本。

在我国，国内学者对环境不确定性的维度划分都是借鉴外国成熟的划分维度来进行研究的。张辰彦等（2007）分析了环境不确定性的主客观因素，并且提出了相应的评价指标体系和测量方法。牛建波和赵静（2012）从环境不确定性的两个维度——复杂性和动态性入手，重点分析了环境不确定性对信息成本与独立董事溢价关系的调节作用。

环境不确定性对公司经营活动产生的影响是近年来我国学者研究的重点。申慧慧（2010）研究发现，公司面临的环境不确定性越高，公司进行盈余管理的程度越高。而为了降低环境不确定性，管理层可能会降低薪酬的激励强度。

陈收等（2012）的实证研究表明，环境不确定性对公司战略变革与绩效之间的调节作用显著。

申慧慧和于鹏（2012）从融资约束的理论视角，分析了环境不确定性对投资效率的影响。实证结果表明，环境不确定性与公司投资偏离度正相关。

林钟高和张春艳（2017）提出不同环境所呈现的环境不确定性也存在高低之分。当公司所处环境的市场化进程较高，市场形势较好，公司面临的环境不确定性较低时，更容易应对外部环境的变化。而当环境不确定性较高时，公司战略和经营活动效率低下的可能性加大，造成公司业绩的不稳定，并且会增加管理层盈余管理的可能。

王怀明和陈雪（2017）实证检验了环境不确定性和高管持股与债务融资规模的相关关系。环境不确定性导致的信息不对称，能够削弱高管持股对公司债务融资规模的影响，给公司的经营管理带来困难，很容易导致管理层决策的非理智性，提高了信息风险，也影响了投资者对公司的评估，债权人为了自保会减少对公司的投资。

仇冬芳等（2017）认为环境不确定性增加了公司的经营风险，公司提高现金持有水平能够为经营波动性和现金流短缺提高缓冲，把握投资机会，从而增加持有现金的市场价值。为降低信息不对称及环境不确定性下的经营风险，投资者要求公司提供更高的融资成本作为补偿，公司外部融资成本提高，加剧了融资约束。而融资约束可以有力缓解公司投资不足的问题，提高资金使用效率，因此，融资约束在环境不确定性对现金持有价值的影响中具有中介效应。

二、环境不确定性与高管薪酬的关系

大部分学者认为，环境不确定性促使公司将外部风险隔离于薪酬激励之外，这有利于加强薪酬与业绩的相关性。Holmstrom（1982）最早提出相对业绩评价，他认为公司业绩的三个影响因素是代理人能力、代理人的努力程度与所处行业外部经济环境的不确定性。支持相对业绩评价的学者认为，在对代理人进行激励时，应过滤市场收益的影响，避免代理人的薪酬暴露在行业风险中。在此条件下，高管薪酬与公司业绩直接相关，且呈正向关系。

环境不确定性为公司带来更多的不确定因素，扰乱公司的生产经营计划，这会导致公司的竞争优势减弱，阻碍公司的发展。Tatikonda 和 Montoya-Weiss（2001）通过对 57 家样本公司的研究发现，环境不确定性严重影响产品技术创新的发展、延长产品创新的时间及改变顾客满意度并影响产品的销量，这些情况都大大降低了公司的绩效，从而降低了高管薪酬。

Bertrand 和 Mullainathan（2001）认为，治理得好的公司，面对市场的动荡可以及时调整公司的经营战略，面临环境不确定性能避免更多的损失。同时，公司治理机制限制了高管对薪酬流程的操控，运气薪酬的支付更少，公司更倾向于根据高管为公司带来的业绩制定高管薪酬。

Garvey 和 Milbourn（2003）认为，年轻的高管以及财富积累数量较少的高管并不擅长通过套利从个人财富中滤去市场风险，因此，在薪酬计划上更需要一套抵御系统风险的保险机制，相对业绩评价的考核方案提供了这种功能，使其薪酬免受系统风险。

Oyer（2004）认为，当宏观经济条件发生变化时，公司根据不同类型的高管来建立激励性契约吸引和留住人才。厌恶风险的高管选择将薪酬与公司业绩相挂钩，隔离市场因素以降低薪酬风险。特别是，当外界环境波动越大时，薪酬与公司业绩的联系就越紧密。

Thongrattana 等（2009）对泰国大米供应链进行了研究，发现需求、规划和控制、竞争中行为、政府政策与气候等不确定性因素的存在，导致供应链产生不稳定。公司缺乏应对环境不确定性因素的工具，不能有效地处理环境不确定性，最终导致其业绩恶化。

Schulz 等（2010）探讨了在日益不确定的竞争环境下公司综合绩效评估与绩效薪酬的关系。他们选取了中国台湾地区 84 家高科技制造公司作为样本，发现使用绩效工资，充分调解了公司综合性能的措施和员工努力的关系。基于绩效的工资能够提高组织的绩效，保障高管薪酬的稳定性。

Edmans 和 Gabaix（2011）认为风险高的公司往往更愿意聘请天赋不高的代理人，此时代理人的薪酬激励强度只与其努力的效果相关，即与其带来的公司业绩相关，而与风险无关。

胡亚权和周宏（2012）利用 2001～2009 年沪深两市上市公司的数据进行研究发现，处于变动性大的环境中，代理人将面临更大的风险。在设计高管薪酬合约中使用相对业绩评价可以剔除公司业绩中受外部冲击的部分，从而降低代理人面临的薪酬风险。

对于高管个人而言，陈震和凌云（2013）基于我国上市公司的数据实证研究发现，相对于企业股东来说，高管更加厌恶风险，更倾向于趋避风险。较高的公司风险会降低薪酬-业绩敏感度。

Gormley 等（2013）通过研究在风险暴露的工作环境中“左尾”风险的产生及变化，以了解历史现金流的变化和导致风险产生的原因及对策。他们认为，当“左尾”风险增加时，董事会会减少高管暴露在股价变动的风险，减少基于期权的薪酬凸性以降低高管薪酬的风险。

Lee 和 Yang（2014）从人力资源的角度审查环境不确定性与员工绩效的关系。研究结果表明，环境不确定性会影响员工绩效。然而，如果员工有转换不确定性到确定性的能力，那么员工的努力程度与业绩的正相关关系会变得更明显。

Jafri 和 Trabelsi（2014）控制了薪酬-业绩敏感度（增量）和 CEO 风险激励薪酬的反馈效应。他们认为，在高风险条件下的 CEO 固定工资比重高，薪酬激励的强度较低。在高风险作业中，应减少 CEO 薪酬激励强度，否则会导致 CEO 为追求高收入而采取冒险的行为。

第三章　薪酬委员会和审计委员会职位重叠与 CEO 运气薪酬：信息优势抑或董事迎合

第一节　引　　言

在推进上市公司治理结构的改革中，监管当局针对如何在董事会中设立专门委员会出台了一系列法规与要求，推动了专门委员会制度在我国上市公司的建立。在这些专门委员会中，审计委员会与薪酬委员会是活动最频繁、担负职责最重的委员会。2007 年中国证券监督管理委员会（简称证监会）明确要求上市公司在其相关年报中必须披露审计委员会与薪酬委员会的履职情况报告。到目前为止，证监会只针对这两个委员会做出披露履职报告的要求。可见，这两个委员会的作用举足轻重，备受重视。相对于董事会整体而言，专门委员会具有职能明确、分工清晰的特点。然而，专门委员会虽然在机构设置上体现了“专门”，但在人事安排上却存在着较明显的交叉任职现象。据统计，2012 年 A 股上市公司中审计委员会与薪酬委员会交叉任职的董事人数占两个委员会总人数的 35.88%。这意味着相当一部分董事在双重甚至多重的职责目标下提供监督和咨询服务。与现有主要从董事的外部网络视角不同（陈运森和谢德仁，2012），同一个董事会中的不同专门委员会的职位重叠形成了董事的内部兼任网络（邓晓岚等，2014）。Laux C 和 Laux V（2009）从理论上论证了在审计委员会与薪酬委员会交叉任职的董事为了节省事后的报表监督成本，倾向在事前通过降低薪酬激励强度来抑制高管从事盈余管理的动机。然而，这一结论似乎缺乏现实基础。激励强度与公司业绩息息相关，并且高管薪酬具有黏性特征（方军雄，2009），因此董事若无充分理由要降低高管薪酬将遭遇较大阻力。那么，在中国资本市场中，审计委员会与薪酬委员会的职位重叠究竟对高管薪酬存在怎样的影响？本章试图对这一有趣且重要的问题进行研究。

无论是学术界还是实务界都越来越关注一个问题：在影响公司经营业绩的诸

多因素中，存在一部分高管不可控的外生性因素，如原材料及能源价格、汇率、市场需求变化等，这些外生性因素的冲击效应体现在行业收益的变化上，称为运气（Bertrand and Mullainathan，2011）。根据最优契约理论，所有可观测的来自运气的业绩应在薪酬计划中被过滤，但如果管理层能凭借运气获取额外薪酬，则表明高管通过操纵行为获取了租金。Bertrand 和 Mullainathan（2001）、Garvey 和 Milbourn（2006）的实证结果显示高管薪酬对运气呈现敏感性。作为一种较典型的非业绩薪酬（pay without performance），董事会特别是专门委员会有责任在高管薪酬激励机制中限制其强度。一些研究表明，改善董事会结构能够改善薪酬治理的有效性（Chhaochharia and Grinstein，2009）。然而，董事会的各项具体职能大部分已分解到下设的专门委员会，而在各专门委员会中，薪酬委员会与审计委员会对薪酬治理的影响最为直接。薪酬委员会是一个以激励功能为主，兼具监督功能的委员会（Faleye et al.，2011），主要负责经理层的考核管理及薪酬政策与方案的研究和审查。审计委员会则是一个执行监督功能的委员会，以经理层为对象的监督活动是其主要职责之一。高管薪酬是企业的一项重要的费用开支，对这项费用的合理性及相关的信息披露进行审查是审计委员会的工作内容。两个专门委员会分别针对高管薪酬方案的评价审查问题履职，二者间的职位重叠意味着两种工作性质的融合，这势必对薪酬计划产生影响。

本章基于国有控制上市公司的数据进行检验，原因如下。首先，国有企业是经济发展和社会转型的关键脉搏，在我国经济建设中占据着举足轻重的战略地位。而高管薪酬制度关乎国有企业的效率和竞争力，是近年来国有企业改革的一个重要领域。2013 年，党的十八届三中全会通过了深化国有企业改革的十条措施，拉开了国有企业改革的第二轮序幕，会议指出要合理确定并严格规范国有企业管理人员薪酬水平。2014 年 8 月，中共中央政治局审议通过了《中央管理企业负责人薪酬制度改革方案》，提出在薪酬制度改革中“明确坚持分类分级管理”，“建立与企业功能性质相适应的差异化薪酬分配方法”。可见，政府与中共中央始终将薪酬激励作为国有企业改革的关键突破口。另外，国有企业高管薪酬问题一直处在公众与媒体舆论的风口浪尖。薪酬乱象常常遭到媒体的曝光和诟病，使公众对国有企业的效率与分配制度的公平性产生了怀疑，影响了国有企业的公信力和信誉度。所以无论是从政府的顶层设计还是从公众聚焦的视野来看，相对于民营企业，国有企业的高管薪酬都是一个值得关注与探索的重要课题。其次，已有学者发现中国上市公司的运气薪酬主要出现在国有控制上市公司（沈艺峰和李培功，2010）。事实上，也常有关于国有企业高管薪酬相悖于行业及公司业绩而逆增长的报道[①]。因此，本章主要基于国有控制上市公司的证据探讨薪酬委员会与审计委员会的职位重叠对 CEO 运气薪酬的影响。

本章可能的创新如下。第一，随着董事会专业分工的细化，逐渐有学者从专门委员会的规模、专业性、功能类型等方面讨论了专门委员会的治理行为（Defond et al.，2005；Beasley et al.，2010；Reeb and Upadhyay，2010；Faleye et al.，2011）。然而，这些研究仅是针对某个专门委员会个体，未考虑其他相关委员会的连带关系。Laux C 和 Laux V（2009）从理论模型层面论证了在薪酬委员会与审计委员会交叉任职对高管薪酬强度和盈余管理的影响[②]。本章则较早地从实证上探讨了薪酬委员会与审计委员会之间职位重叠问题，但并不是从监督成本的角度，而是将研究拓展到审计监督对薪酬设计的信息与知识溢出作用。Adams 和 Ferreira（2007）在理论模型中提出，董事兼具监督者和顾问双重角色，而 CEO 既期盼获得董事的建议，又试图逃避严厉的监督，这使 CEO 在向董事提供信息时面临两难选择。最终的均衡是 CEO 不愿分享信息，而董事则显露出亲和态度。假如薪酬委员会与审计委员会设置了兼任的职位，薪酬委员会或许不再需要被动地接收 CEO 提交的信息，审计中搜集的信息能较及时、完整地向薪酬委员会扩散。所以本章的研究不仅回应了理论对实证的呼唤，而且从信息的获取与利用这个新的角度解释专门委员会职位重叠现象，推动了现有的研究向新的思路拓展。第二，随着社会各界对强化上市公司治理制度的呼声不断高涨，监管当局对董事会和专门委员会的设置提出了更加具体细致的规范性要求。在统一的治理结构标准之下，传统的董事会

---

① 例如，2013 年 1 月 21 日《证券日报》的《航运业连续两年遭遇冰川期高管薪酬多不降反升》一文报道：2011 年 11 家航运上市公司出现了业绩下滑，其中有 6 家业绩下滑的航运公司高管薪酬不降反升。国有控制的招商轮船和中海发展的报酬上升幅度分别为 15.05%和 14.36%；中海集运 2011 年的净利润为–27.43 亿元，下降幅度高达 165.27%，而年报显示董事、监事、高级管理人员 2011 年报酬总额仅仅下调 3.06%。

② 这一研究得出的结论是：在薪酬委员会与审计委员会交叉任职的董事为了减轻事后的监督成本而调低薪酬强度，这虽然削弱了高管从事盈余管理的动机，但也导致了薪酬激励不足，同时财务报表的事后监督水平也下降了。Laux C 和 Laux V（2009）对这种董事会结构持批评态度。

特征指标值在各上市公司中差距逐渐缩小，如 2007 年“公司治理专项活动”使大多数公司建立了董事会下属各专门委员会①。这种趋同现象使学术界应从新的视角考量董事会的公司治理研究。以专门委员会重叠为指标的研究则可能是这一视角下的拓展之一。虽然制度对专门委员会独立董事任职比重的最低限提出了要求，导致专门委员会间职位重叠在大部分公司中不可避免，但重叠任职的比重、内外部董事的重叠任职情况，以及专门委员会负责人的交叉任职情况等依公司特性展现个体差异。使用专门委员会重叠任职这一新的指标有望在董事会治理效率方面获得新的发现和新的经验证据。第三，Bertrand 和 Mullainathan（2001）、Garvey 和 Milbourn（2006）、Paligorova（2008）等研究了董事会结构、股权结构等公司治理因素如何影响运气薪酬，主要着眼于公司治理机制能否从整体上对高管权力产生有效约束，从而抑制运气薪酬。但对于高管权力作用于薪酬方案的深层次的机理与路径缺乏深入的讨论，也没有从一个具体的角度进行分析。本章选择薪酬委员会和审计委员会职位重叠这个观察视点，通过剖析运气薪酬产生的原因，认为薪酬委员会和审计委员会职位重叠至少在董事会信息环境、高管“收买”策略这两个渠道上影响着高管对薪酬的操纵，从而提出信息优势假说与董事迎合假说，对这两个假说的检验结果有助于更深刻地理解运气薪酬现象，也将当前的研究向前推进了一步。第四，本章结论也有实践意义，监管机构［如证监会、国务院国有资产监督管理委员会（简称国务院国资委）］可以鼓励董事在薪酬委员会与审计委员会的兼任行为，从而可以更好地制约 CEO 运气薪酬问题。上市公司董事会也可以通过在专门委员会间设立兼任的职位加强各专门委员会之间董事的沟通，从而提升公司治理效率。

第二节　理论分析与研究假说

一、专门委员会董事重叠与运气薪酬

迄今为止，国内学者从不同角度讨论了中国上市公司的多种薪酬现象，如与业绩不相称的薪酬（方军雄，2009），与一般员工收入增长不均衡的高管薪酬

① 以往研究通过公司是否设立薪酬委员会或审计委员会来区分公司治理的差异，这种研究设计随着监管的要求和特征的趋同将不再适用。

（方军雄，2011），凭借管理者权力获得的薪酬（权小锋等，2010；王清刚和胡亚君，2011），由董事会特征、股权结构决定的薪酬（郑志刚等，2012）等，这些研究都假定行业环境、经济因素等是薪酬的合理解释变量，但忽视了高管可依据行业的涨落利己地设定薪酬方案。现实中上市公司高管薪酬对行业收益增长高敏感或跑赢行业业绩增长的现象并不少见。例如，由于国际能源价格连续几年上涨，2010 年采掘行业利润迅猛增长，采掘行业上市公司高管薪酬随之大幅度提高，相比 2009 年增幅达到 105.95%。

虽然一些学者强调，国有企业面临更严格的薪酬管制，高管对薪酬的可操纵空间较小，但无论是从事前业绩考核标准的制定还是从事后薪酬方案的确认来看，一般的程序都是企业先上报，国务院国资委再根据上报的情况批复[①]。在这过程中，企业高管可以利用国务院国资委的信息劣势对上报的内容进行操纵。如果高管在事前根据自己对行业经营环境及经济走势的判断提交一个利己的目标建议值，并在事后找到合适的理由为其运气薪酬进行辩解（谢德仁等，2012），很有可能实现对薪酬中运气成分进行操纵。

由于现代企业所面临的环境与业务的复杂性不断增加，许多公司董事会的管理幅度及董事会的规模随之扩大，董事会这一扁平化的组织也逐渐走向层级和分权（Reeb and Upadhyay，2010），下设的专门委员会成为履行具体职责的机构。随着《关于在上市公司建立独立董事制度的指导意见》《上市公司治理准则》等一系列相关法规的出台，专门委员会制度已经在我国上市公司普遍建立起来。在董事会下设的各专门委员会中，薪酬委员会与审计委员会是活动最频繁、担负职责最重且和高管薪酬关系最直接的委员会（Ferris et al.，2003；Chandar et al.，2012；Liao and Hsu，2013）。前者负责设计薪酬的激励机制，后者参与薪酬的审查、评价和监督等环节（Reeb and Upadhyay，2010）。监管当局对这两个委员会的建设

① 在考核标准的订立方面，2009 年修订的《中央企业负责人经营业绩考核暂行办法》中规定，每年第四季度，按照权责利相统一的要求，建立企业负责人经营业绩同激励约束机制相结合的考核制度，即业绩上、薪酬上，业绩下、薪酬下。每年第四季度，企业负责人按照国资委年度经营业绩考核要求和企业发展规划及经营状况，对照同行业国际国内先进水平，提出下一年度拟完成的经营业绩考核目标建议值，并将考核目标建议值和必要的说明材料报送国务院国资委。国务院国资委根据“同一行业、同一尺度”原则，结合宏观经济形势、企业所处行业发展周期、企业实际经营状况等，对企业负责人的年度经营业绩考核目标建议值进行审核，并就考核目标值及有关内容同企业沟通后加以确定。

非常重视，出台了一系列制度来明确其职责。2005 年 10 月《国务院批转证监会关于提高上市公司质量意见的通知》规定，要设立以独立董事为主的审计委员会、薪酬与考核委员会并充分发挥其作用。2007 年 12 月证监会颁布《公开发行证券的公司信息披露内容与格式准则第 2 号——年度报告的内容与格式（2007 年修订）》提出“董事会下设的审计委员会的履职情况汇总报告，包括对公司财务报告的两次审议意见、对会计师事务所审计工作的督促情况、向董事会提交的会计师事务所从事上年度公司审计工作的总结报告以及对下年度续聘或改聘会计师事务所的决议书。”“董事会下设的薪酬委员会的履职情况汇总报告，包括对公司董事、监事和高级管理人员所披露薪酬的审核意见，对公司股权激励计划实施过程中的授权是否合规、行权条件是否满足的核实意见。”首次明确要求上市公司应在年度报告中披露董事会下设的审计委员会的履职情况汇总报告和薪酬委员会的履职情况汇总报告。到目前为止，证监会只针对这两个委员会做出披露履职报告的要求。可见，这两个委员会的职责重大。虽然在董事会中薪酬委员会承担了高管薪酬管理的主要工作，但是审计委员会在经营业绩与经济责任审计、费用控制、风险评估等方面制约着薪酬的不合理性。因此，薪酬的结构不仅是薪酬委员会的决策结果，还受制于审计委员会监督的有效性。本章研究两个委员会职位重叠对薪酬方案的影响，实质上也是在讨论审计监督嵌入薪酬设计过程将会对高管自利行为产生何种影响，从一个新的角度研究董事会结构对薪酬激励的作用。

值得注意的是，董事在专门委员会间交叉任职已在中国上市公司中成为普遍现象。根据国泰安数据库提供的深沪两市公司数据统计，2011 年已设立审计委员会和薪酬委员会的公司中，在两个委员会交叉任职的董事人数占两个委员会董事总人数的 50.23%。当两个委员会间职位存在重叠时，交叉任职的董事在职责承担、信息获取，以及与管理层关系互动等方面都会有别于其他董事。这种特殊的委员会结构将对薪酬治理构成怎样的影响？本章从信息优势和董事迎合这两个角度对这二者的关系进行分析，提出两个假说。

1. 基于信息优势效应的假说

专门委员会以小组的形式开展活动，有明确、特定的委托责任，活动结果有更强的可观测性，因此这种制度明确并强化了董事的职责，减轻了董事间“搭便车”问题。但是，将不同的职责分配给特定的专门委员会又带来新的信息非对称问题：各专门委员会内虽然形成自有的隐性知识，但委员只专注于自己的特定任务，而并不关心董事会的整体工作成效，对所服务的专门委员会之外的任务，即使具备相关知识和专长，参与的程度也非常有限（Reeb and Upadhyay，2010），因此，在一个较大规模且职责分设的董事会中，下设的专门委员会相互间沟通协调存在固有的障碍，信息不易达到共享，导致信息搜索成本总体上较大（Ran et al.，2010；牛建波和赵静，2012）。跨两个委员会的职位设置克服了这一缺陷，不仅有利于发挥专门委员会制度的优势，而且在一定程度上打破了委员会间的信息鸿沟，提高了信息使用效率。

具体而言，两个委员会人员重叠所产生的信息优势效应体现在以下三个方面：首先，审计委员会本身对高管薪酬具有监督作用，这种作用在与薪酬委员会职位重叠的条件下得到更有效和充分的发挥。审计是在财产所有权与经营权分离的条件下应运而生的，其主要目的之一就是要明确高管的经营管理责任，从而提高企业经济效益，实现这一目的的手段主要依靠经营审计。相关法规强调了要在经营审计中对真实业绩“去伪存真”。例如，2006 年 1 月，国务院国资委颁布了《中央企业经济责任审计实施细则》，提出经济责任评价要根据企业财务基础审计结果和绩效评价结论，综合考虑企业发展基础、经营环境等方面因素，对企业负责人任职期间的主要经营业绩和应承担的经济责任进行评估，对企业负责人任职期间履行工作职责情况得出较为全面、客观和公正的评价结论。又如，《中国注册会计师审计准则第 1211 号——了解被审计单位及其环境并评估重大错报风险》规定，注册会计师应当了解与业绩评价有关的控制活动，综合分析财务数据与经营数据的内在关系，将内部数据与外部信息来源相比较，评价职能部门、分支机构或项目活动的业绩，以及对发现的异常差异或关系采取必要的调查与纠正措施。另外，从成本费用的控制来看，高管薪酬是企业的一项重要费用，内部控制将其作为持续监督事项之一（罗宏和刘宝华，2012；Cornell and Schwartz，2012）。除了在薪酬管理的业务循环上要达到真实性、合法性、完整性和准确性等几个目标以外，内部控制还指明了薪酬订立的行动准则。2010 年，财政部、证监会、审计署、中国银行业监督管理委员会和中国保险监督管理委员会联合发布《企业内部控制应用指引》，其中《企业内部控制应用指引第 3 号——人力资源》和《企业内部控制应用指引第 15 号——全面预算》等文件对激励的公平性、合理性和薪酬费用的预算控制等问题提出了指导性要求。虽然以上审计或内部控制等监督活动不是由审计委员会直接执行，但是审计委员会的职责包括了监督公司的内部审计制度及其实施，负责内部审计与外部审计之间的沟通，以及审查公司的内控制度等。因此，审计委员会实际上是负责监督这些活动。如果审计委员会成员能任职于薪酬委员会，就能将审计与内部控制的监督原则贯穿于业绩考核与薪酬方案的制订，有关高管薪酬管理的内部控制、薪酬费用项目审计及披露质量等方面的信息能及时地从审计委员会传递到薪酬委员会，使审计的监督作用更充分地渗透于薪酬计划的制定与执行中。

其次，在设立重叠职位的条件下，审计委员会的监督活动在事后对薪酬治理存在反馈机制，审计中所获取的信息为薪酬设计提供了“预见性”的视野，能够帮助薪酬委员会调整与完善业绩考核与薪酬方案（周开国等，2011；陈运森和谢德仁，2012）。一些学者认为，审计委员会与薪酬委员会的功能类型有所不同，前者主要属于监督型委员会，而后者的顾问角色多于监督角色（Faleye et al.，2011）。随着董事会职能的分化，审计委员会的审查和核准职能不断强化，而薪酬委员会在监督上的权能则越来越弱化（Laux C and Laux V，2009），这导致薪酬委员会在薪酬制定和执行过程中对高管的自利行为缺乏完备的信息源、监督技术与手段。如果薪酬委员会的成员能同时担任审计委员会委员，则可以弥补这一局限性。高管在薪酬上实现抽租的重要条件之一是董事会与高管间存在信息差异（information disparities）。高管在向薪酬委员会提交业绩数据时，对于数据的内容及其所参照的标杆有较大的操纵空间和酌量权。为了达到自利目的，同时又避免身陷“愤怒”，他们使用各种掩饰（camouflage）手段，伪装、粉饰和隐蔽自身的抽租行为（Bebchuk et al.，2002）。例如，聘请薪酬顾问，为自己的运气薪酬辩解，将好运气粉饰成高管努力的结果，使股东相信所支付的薪酬符合最优契约下的价值。又如，声称承担非营利目标导致业绩受拖累（谢德仁等，2012），因而不应由高管个人承受业绩损失的代价。此外，高管担心独立董事一旦掌握太多信息，将执行更严厉的监督，因此倾向于限制向独立董事传输信息（牛建波和赵静，2012；Adams and Ferreira，2007）。相对薪酬委员会而言，审计委员会对公司的内部情况更具有信息优势（Vafeas and Waegelein，2007）。由于审计与内控活动几乎覆盖公司业务的所有环节，审计委员会需要与管理层保持常规的交流，审计委员会的会议也相对较频繁，工作中还要适时对公司的风险进行评估，这些都使审计委员会有更多的机会熟悉公司的内部运营情况，从而对真实业绩形成一个较准确的判断。审计委员会人员加入薪酬委员会，就能够利用在审计活动中形成的知识和经验更有效地识别高管的辩护与掩饰，更准确地预测高管可能采取的行动及其结果（张昉等，2011）。通过设立重叠职位，两个委员会可以在业绩考核指标设计、薪酬结构安排、薪酬方案执行与监督等方面形成交互学习效应，不断积累治理经验。为了完成薪酬委员会的职责，交叉任职的委员在审计委员会履职中还可能产生一种有目的的主动获取信息的行动。例如，根据薪酬上设计的需要，在审核内部控制和审计活动中会更注意收集经营效率、公司业绩方面的信息（卢锐等，2011），将高管努力与业绩中的噪声成分进行辨认和区分，在薪酬设计上使用信噪比较高的业绩评价方法（Bertrand and Mullainathan，2000）。

最后，两个委员会人员重叠有利于加大信息传播的速度和广度，提高高管自利行为的"愤怒"成本。跨委员会任职的董事在公司的社会关系网络中可能具有更强的中心性，处于信息交换的枢纽位置（Ferris et al.，2003）。由于需要承担两个专门委员会的工作，这些董事与其他高管、内部董事及关联董事有更多的时间和机会交流，不仅能更及时、更多地获得关于公司经营情况、管理层行动、监督和激励等方面的信息（陈运森和谢德仁，2012；Larcker et al.，2011），而且能将信息更迅速地反馈给董事会其他成员。他们观测到薪酬中租金能够把这一信息更快、更广地扩散到其他董事或股东代表之间，从而加大潜在的"愤怒"成本，更有力地抑制运气薪酬。

综上，薪酬委员会与审计委员会的人员重叠为审计嵌入薪酬设计创造了机会，有助于减轻董事会与高管间的信息不对称，在业绩评价中挤走"水分"。横跨两个委员会任职的董事是董事网络中履职活动活跃的节点，他们的存在加强了委员会间乃至整个董事会范围内信息的传播，使潜在"愤怒"成本增加，增强了薪酬的治理效力。因此提出假说 H1a。

假说 H1a：薪酬委员会与审计委员会的职位重叠有利于降低 CEO 薪酬对运气的敏感性。

2. 基于董事迎合效应的假说

高管能在薪酬上成功实现抽租的原因之一是董事不愿扮演"铁手腕"角色，在履职中态度表现为亲和、友好。决定董事态度的一个最重要的因素是经济利益。有研究表明内部董事与 CEO 间的报酬有一定相关性（郑志刚等，2012；杨青等，2009；Brick et al.，2006)，导致董事将二者的共同利益置于股东利益之上。而独立董事，因其主要报酬形式为现金津贴及交通费等，与股东财富的增长并不直接挂钩，却在一定程度上受制于管理层的自由裁量权，所以他们并不愿意为争取股东的利益而“得罪”高管①。近年来，独立董事的津贴出现了多次或大幅度上涨的趋向，部分央企的独立董事津贴达 40 万元以上。优厚待遇的背后隐藏着管理层“俘获”独立董事的意图。

从社会心理因素来看，在企业圈中，敢于挑战高管权威的独立董事是不受欢迎的，一旦有了爱“唱反调”的名声，就会遭到各公司的排挤（Bebchuk et al.，2002)。特别是在关键人控制模式或内部人控制的国有上市公司，高管可能会动用其影响力设法将校友、教师、好友、旧同事等安排进董事会，虽然这部分董事在法律意义上是“非关联”的，但是在人际关系上却常常具有关联性（Hwang and Kim，2009)。进入董事会或获得连任后，这部分董事在态度和行动上映射出回报与互惠的心理。

一些学者认为，专门委员会职位重叠存在一个明显弊端就是董事的权责被放大（Liao and Hsu，2013)。对于 CEO 而言，要实现对薪酬的成功操纵就需要在薪酬委员会上推出一个利己的薪酬方案，同时在监督审查环节上设法为自己“松绑”。如果承担这两项职责的董事都愿意袒护自己，那么操作中的阻力将大大减小。专门委员会间职位重叠设置恰好给 CEO 创造了这样的机会，相比在激励与监督两头各个击破，对重叠任职的董事进行“收买”或将迎合自己的董事推向这样的职位显然是一种低成本的策略，且能达到一石二鸟的效果。综合以上分析，本书认为基于董事迎合的视角，两个委员会的人员重叠为 CEO 操纵薪酬提供了便利，使 CEO 能够凭借运气获取更多的租金，因此提出假说 H1b。

假说 H1b：薪酬委员会与审计委员会的职位重叠会加大 CEO 薪酬对运气的敏感性。

3. 关于两种效应的讨论

假说 H1a 与假说 H1b 对于两个专门委员间职位重叠与运气薪酬的关系给出了

① 中国上市公司协会对独立董事履职情况展开一项调查，其中一个问题为：“当前独立董事的津贴由上市公司直接为独立董事发放，对于这种发放方式是否会对独立董事的独立性产生影响”，问卷统计结果显示，被调查的独立董事中认为“有一些影响”的占比为 32.3%，认为“有较大影响”的占比为 22.6%。而当被调查对象为上市公司高管时，这两个答案的占比分别为 45.2%和 24.0%。摘自《上市公司独立董事履职情况报告》（2013 年 11 月）。

截然相反的推测。假说 H1a 讨论了两个委员会职位重叠所产生的信息优势，而假说 H1b 则提出在董事迎合的态度之下，CEO 可利用重叠设职这一结构加强对董事会的控制。哪一种效应起主导作用，还需要根据实证结果推断。本书更倾向于支持假说 H1a，具体原因分析如下。

首先，在重叠的职位上“收买”董事虽然是高管同时控制两个委员会的一种简便的方法，但是在实际操作中还受到董事个人特性、与高管关系的疏密等因素的影响。如果不方便通过这个职位实现操纵目的，高管也会设法在薪酬与审计两个委员会内分别“疏通”董事，推行自己的意愿。在中国国有控制公司中，从独立董事选聘的主体及过程控制来看，CEO 未必能轻易地单方面决定独立董事人选。2001 年，证监会颁布的《关于在上市公司建立独立董事制度的指导意见》指出，上市公司董事会、监事会、单独或者合并持有上市公司已发行股份 1%以上的股东提出独立董事候选人，并经股东大会选举决定。实践中，国务院国资委对外部董事的选择还会有一定的标准与程序，如资格审核、专家讨论和投票等。CEO 在独立董事选聘方面受到的限制制约了专门委员会职位重叠为其带来的利用价值。此外，CEO 未必能够操纵专门委员会的结构，使之发生职位重叠。导致薪酬委员会与审计委员会职位重叠的一部分原因是，监管部门对上市公司的董事会和专门委员会中独立董事的比重有下限要求，一些上市公司只愿按最低比重聘用独立董事，因而不得不将有限的独立董事人选安排到各专门委员会中，从而造成了职位重叠，并非是 CEO 有意的安排。

其次，董事虽然对高管采取了迎合态度，但是背离监管制度或对投资者利益危害性大的妥协会给他们带来成本，如声誉受损、遭到处罚等，因此他们需要在迎合的事项与程度上斟酌。在薪酬与审计这两种职责上采取迎合态度所产生的成本是不同的。当高管薪酬制定得过高时，受到媒体批评或公众谴责最多的是公司的经理层，但如果在公司财务报表数据或信息披露方面传出“虚假陈述”的负面消息，公众“愤怒”的矛头就不仅指向经理层，还会指向董事会的不作为，更严重的是，董事可能面临着被证监会处罚的危险（辛清泉等，2013）。因此，对于审计问题，董事的迎合态度更多地表现为有度、谨慎和趋于保守。

最后，运气薪酬易触发信息披露上的各种机会主义行为。高管运气薪酬的强度越高，公司在对外披露信息时就越需要进行印象管理（程新生等，2015），通过掩盖、隐瞒及粉饰等手段对运气薪酬进行“铺垫”与“烘托”。这些行为无疑对就任于审计委员会的董事构成风险，并很可能将他们推向舆论抨击与监管处罚的风口浪尖。因此，为避免在信息披露问题上为自己滋生事端，交叉任职的董事有动机利用在审计委员会收集到的各种信息，判别运气，进而在薪酬方案的决议中控制高管薪酬对运气的敏感性。

二、CEO 权力的影响

在我国国有企业改革的过程中，出现了所有者虚位、内部治理弱化等问题，进一步演化出“内部人控制”（权小锋等，2010）。从国有控制的代理链上看，国有资产管理部门是对国有企业高管进行监督的执行者，但他们缺乏足够的动机对国有企业高管进行有效的问责与监督（王志强等，2011）。同时，国有资产管理部门普遍缺乏运营国有资本所必需的专业知识和商业经验，天然地处于信息的劣势，难以低成本地观察国有企业的经营业绩（王志强等，2011），限制了监督的有效性。

国内外许多研究都表明，CEO 能够凭借权力在薪酬中获得租金或溢价（权小锋等，2010；吴育辉和吴世农，2010；Morse et al.，2014）。他们通过加入各专门委员会、兼任董事长等方式加固自身的影响力，在参与专门委员会的各项活动中建立并强化与董事间的关系网络，提高了对权力的控制及支配薪酬方案的主动权，对报酬合约的效率产生了一定的干扰（Renneboog and Zhao，2011）。由于有机会介入董事的提名与聘任，CEO 在权力天平上为自己增加了一道砝码。虽然监管当局对董事独立性的立法越来越严格，限制了对关联董事的任命，但 CEO 仍然可以通过操纵董事选聘过程找到符合规则、名义上独立，实则与自己存在隐性、间接关联的外部董事（Carcello et al.，2011）。CEO 对董事人选的控制，使董事陷入了“拥护还是被解聘”的困局（Bebchuk et al.，2002）。出于回报的心态或是期望得到连任，被聘董事对 CEO 呈报的薪酬方案不愿发出反对的声音，这导致 CEO 更轻易地左右薪酬计划的制定。Grinstein 和 Hribar（2004）的研究发现，在管理者权力作用之下，高管能力与业绩间的关系对于薪酬变化的解释力是微弱的，但高管的权力与高管薪酬间却存在正相关。

在假说H1a和假说H1b的推理过程中，本书分别分析了薪酬委员会与审计委员会职位重叠可能产生的信息优势效应和董事迎合效应。当进一步考虑CEO权力的影响，这两种效应的作用程度就发生了变化。第一，CEO可以利用权力控制提交给董事会的信息内容，略去对自己不利的信息（Bebchuk et al.，2002；Bebchuk and Fried，2004），导致董事得到的信息在质量上存在瑕疵，信息效应优势因此受到削弱。两个委员会人员重叠在信息、知识、监督技术等方面的优势明显，但由于CEO影响力直接渗透到董事会的议事过程，操纵最终决议的形成，这一优势也难以生效。第二，CEO通过控制董事提名及连任或给予独立董事丰厚津贴等方式，可以在董事会中植入或培育“自己人”。当两个委员会存在职位重叠时，CEO可以通过支配交叉任职的“自己人”，将权力触角同时伸入两个委员会，让这些“自己人”在激励和监督两面都给自己开绿灯。更有甚者，这些被“收买”的董事为CEO的不合理薪酬进行“辩护”（谢德仁等，2012）。综上所述，假如假说H1a成立，信息优势效应遏制了运气薪酬，但由于CEO在董事会中有较大的影响力，潜在信息优势效应受到抵减；假如假说H1b成立，董事迎合效应纵容了运气薪酬，与此同时，如果CEO在董事会中影响力较大，潜在的董事迎合效应将进一步得到强化。因此，本书分别针对假说H1a和假说H1b相应地提出假说H2a和假说H2b。

假说H2a：CEO在董事会中的影响力越大，薪酬委员会与审计委员会职位重叠产生的信息优势效应越弱，对运气薪酬的约束效果越差。

假说H2b：CEO在董事会中的影响力越大，薪酬委员会与审计委员会职位重叠产生的董事迎合效应越强，对运气薪酬的约束效果越差。

第三节　实证研究设计

一、样本与数据来源

本章以2007～2012年A股国有上市公司为样本[①]，首先剔除金融行业公司、没有设立薪酬委员会与审计委员会的公司及数据缺失的样本，其次剔除CEO发生替换

① 本书对非国有上市公司也进行了回归检验，没有发现存在运气薪酬的证据，这与沈艺峰和李培功（2011）的结果基本一致。

的公司-年及 CEO 薪酬为 0 的公司-年。为消除极端值的影响，对连续变量进行 1% 分位的缩尾处理，最终得到 3034 个观测值。高管任职数据来自锐思数据库，高管薪酬及财务数据来自 CSMAR 数据库。

二、模型与变量说明

借鉴 Bertrand 和 Mullainathan（2001）、Garvey 和 Milbourn（2006）、沈艺峰和李培功（2010）的做法，先估算公司业绩中来自运气的部分，再估计 CEO 薪酬对运气因素的敏感性。

$$\text{Perfm}_{it} = \beta \text{Sect\_perfm}_t + \mu_t \text{Year} + \varepsilon_{it} \tag{3-1}$$

式中，i 为上市公司个体；t 为所在年份；Perfm 为公司业绩，通过将净利润除以总资产得到；Sect_perfm 为除本公司以外以总资产加权平均计算得到的行业平均业绩，行业平均业绩的变化是各种经济因素对该行业综合作用的结果，将本公司的业绩排除在外，计算得出行业平均业绩，可视为不可控的运气；β、μ_t 均为回归系数；Year 为代表年份的虚拟变量，控制 t 年的整体宏观经济形势；ε_{it} 为残差项。运用式（3-1）进行回归，由式（3-2）估计得出 Luck，表示运气因素所产生的业绩[①]。Perfm 与式（3-1）估计得出的 Luck 之间的差值则代表了由高管才能带来的业绩，以 Skill 表示。

$$\text{Luck}_{it} = \hat{\beta} \text{Sect\_perfm}_t + \hat{\mu}_t \text{Year} \tag{3-2}$$

为检验运气及高管才能对薪酬的影响，建立以下基本模型：

$$\begin{aligned} \text{lnCompen}_{et} = {} & \alpha_0 + \alpha_1 \text{Luck}_{et} + \alpha_2 \text{Skill} + \alpha_3 \text{Ovlp}_{et} + \alpha_4 \text{Luck}_{et} \cdot \text{Ovlp}_{et} \\ & + \alpha_5 \text{Skill}_{et} \cdot \text{Ovlp}_{et} + \alpha_6 \text{Control}_{et} + \varepsilon_{et} \end{aligned} \tag{3-3}$$

式中，下标 e 为 CEO；lnCompen 为 CEO 现金薪酬的自然对数，根据方军雄（2011）的研究，高管薪酬虽然包括现金和股权两种分配方式，但现金薪酬占高管薪酬比重较大，尤其在国有控制上市公司，高管持股比重较低、零持股的现象较为普遍，

① 从理论上来说，行业竞争程度可能会影响到公司业绩与行业平均业绩的关联度，在竞争充分的行业，公司的业绩与行业平均业绩会更接近，从而使经理人的薪酬与行业平均业绩有更大的相关性。不过，基于中国现在的行业现状（本书计算了 2000～2014 年的行业 HHI，发现均值为 0.045，中位数为 0.037，最大值为 0.176，最小值为 0.01，说明离指数无限趋近于 0 时的充分竞争状态还有很大的差距），实证检验出现该偏差的可能性较小。

因此本章借鉴其做法，采用现金薪酬衡量 CEO 薪酬。式（3-3）中的变量 Luck 和 Skill 由式（3-1）与式（3-2）估计得出。

式（3-3）中薪酬委员会与审计委员会的人员重叠（Ovlp）具体地分解为三个变量：①在两个委员会交叉任职的董事人数占两个委员会总人数的比重（Dire_Ovlp）[①]，这一变量从整体上代表了两个委员会人事上互相渗透的程度。②在两个委员会交叉任职的独立董事人数占两个委员会总人数的比重（Inde_Ovlp）。内部董事、灰色董事与高管间存在一定关联，因此在重叠任职的董事中剔除这一部分，对独立董事的兼任专门设置变量。③薪酬委员会的负责人是否兼任审计委员会的负责人（Chief_Ovlp）。各上市公司在年报中对委员会负责人的称谓不一，包括委员会主任、主席、召集人、牵头人等，本章将出现这些称谓的董事都视为专门委员会的负责人。各上市公司专门委员会工作规则中一般要求负责人召集委员会的活动，主持委员会工作等。如果两个委员会负责人由同一人担任，则此负责人处于两个委员会信息交换及权责执行的关键位置。

在运用式（3-3）进行回归时，本书使用两个委员会的人员重叠（Ovlp）与运气业绩（Luck）及高管才能业绩（Skill）分别产生交互项，用于检验两个委员会的人员重叠（Ovlp）对运气薪酬和管理才能薪酬的影响。CEO 是否在薪酬委员会或审计委员会任职（Comp 和 Audit）对委员会的决策过程也存在一定影响力，因此也将其作为控制变量加入模型中。表 3-1 给出了各变量的计算方法。

表 3-1　专门委员会重叠与 CEO 运气薪酬实证分析的变量名称与定义

变量名称	变量符号	计算方法
高管薪酬/万元	Compen	第 t 年 CEO 的货币薪酬
公司业绩	Perfm	第 t 年净利润/总资产
行业平均业绩	Sect_perfm	第 t 年除本公司以外以总资产加权平均计算得到的行业平均业绩
薪酬委员会与审计委员会的人员重叠	Dire_Ovlp	第 t 年在薪酬委员会与审计委员会交叉任职的董事人数（不包含交叉任职的 CEO）/薪酬委员会与审计委员会的总人数*
	Inde_Ovlp	第 t 年在薪酬委员会与审计委员会交叉任职的独立董事人数/薪酬委员会与审计委员会的总人数

① 用比重变量可消除不同公司董事会人数差异的影响，也便于衡量审计委员会与薪酬委员会的重叠程度在上市公司个体间的差异。

续表

变量名称	变量符号	计算方法
薪酬委员会与审计委员会的人员重叠	Chief_Ovlp	如果第 t 年薪酬委员会的负责人兼任审计委员会的负责人，取值为 1，否则为 0
公司规模	Size	第 t 年末公司总资产的自然对数
财务杠杆	Lev	第 t 年末公司总负债/公司总资产
公司成长性	Growth	第 t 年公司销售收入增长率
高管任期/年	Tenure	至第 t 年止 CEO 任职的年限
高管年龄/岁	Age	至第 t 年止高管的年龄
CEO 是否持股	Ceosh	如果第 t 年末 CEO 持有公司股票，取值为 1，否则为 0
CEO 是否担任薪酬委员会委员	Comp	如果第 t 年 CEO 为薪酬委员会委员，取值为 1，否则为 0
CEO 是否担任审计委员会委员	Audit	如果第 t 年 CEO 为审计委员会委员，取值为 1，否则为 0

*薪酬委员会与审计委员会的总人数为薪酬委员会与审计委员会董事人数之和扣除在两个委员会交叉任职的人数。例如，审计委员会和薪酬委员会各有三名委员，其中一人重叠，那么总人数为五人。Dire_Ovlp 和 Inde_Ovlp 的分母都依据此算法得出

三、描述性统计

主要变量的描述性统计见表 3-2，CEO 薪酬悬殊，标准差达到 49.350 万元，最低薪酬为 3.500 万元，最高达到 293.700 万元。业绩水平差异也较大，净利润与总资产之比最低为–44.3%，最高为 30.1%。上市公司中在薪酬委员会与审计委员会交叉任职的董事人数占两个委员会总人数的比重平均值为 35.9%，其中独立董事兼任的比重是 28.0%。两个委员会负责人兼任的观测值占总观测值的比重是 7.5%。董事交叉任职的三个变量标准差分别为 21.9%、17.7%和 26.4%，说明这一董事会结构在上市公司中存在一定差异。

表 3-2　专门委员会重叠与 CEO 运气薪酬实证分析的主要变量描述性统计

变量	样本数/个	均值	标准差	最小值	中位数	最大值
Compen	3034	58.000	49.350	3.500	45.600	293.700
Perfm	3034	0.037	0.049	–0.443	0.032	0.301
Sect_perfm	3034	0.033	0.020	–0.027	0.032	0.128

续表

变量	样本数/个	均值	标准差	最小值	中位数	最大值
Dire_Ovlp	3034	0.359	0.219	0	0.333	1
Inde_Ovlp	3034	0.280	0.177	0	0.200	1
Chief_Ovlp	3034	0.075	0.264	0	0	1

第四节　实证结果与分析

一、假说 H1a 与假说 H1b 的检验

表 3-3 报告了专门委员会人员重叠与运气薪酬的回归结果。其中，第（1）～第（3）栏表示了专门委员会人员重叠变量 Ovlp 分别为 Dire_Ovlp、Inde_Ovlp 和 Chief_Ovlp 时的回归结果。Luck 的系数显示，国有上市公司 CEO 薪酬对运气呈现敏感性，说明他们利用运气在薪酬上实现了抽租。Skill 的系数表明，CEO 薪酬对高管才能或努力程度的表现为显著敏感，表明国有上市公司普遍建立了以经营业绩为导向的激励机制。Luck 与 Ovlp 的三个代表变量的交互项系数显著为负，跨越两个委员会的工作机制在一定程度上改善董事会所面临的信息环境，有助于准确地识别运气。

表 3-3　薪酬委员会与审计委员会职位重叠和 CEO 运气薪酬

自变量	因变量：lnCompen		
	（1）Ovlp = Dire_Ovlp	（2）Ovlp = Inde_Ovlp	（3）Ovlp = Chief_Ovlp
Luck	4.886*** （3.09）	4.054*** （2.98）	4.176*** （2.78）
Luck · Ovlp	−2.497*** （−3.26）	−1.986** （−2.23）	−3.045** （−2.12）
Skill	3.639*** （6.18）	3.418*** （5.96）	4.244*** （12.07）
Skill · Ovlp	1.928 （1.49）	2.255** （2.03）	1.102 （1.07）

续表

自变量	因变量：lnCompen		
	（1）Ovlp = Dire_Ovlp	（2）Ovlp = Inde_Ovlp	（3）Ovlp = Chief_Ovlp
Ovlp	−0.054 （−0.41）	−0.091 （−0.56）	0.013 （0.13）
Size	0.230*** （19.46）	0.230*** （19.39）	0.228*** （19.31）
Lev	0.086 （1.03）	0.091 （1.09）	0.084 （1.00）
Growth	−0.011*** （−3.05）	−0.011*** （−3.07）	−0.012*** （−3.15）
Tenure	0.049*** （6.13）	0.049*** （6.14）	0.049*** （6.17）
Age	0.011*** （4.67）	0.011*** （4.68）	0.010*** （4.62）
Ceosh	0.225*** （7.80）	0.223*** （7.74）	0.226*** （7.85）
Comp	0.013 （0.43）	0.015 （0.50）	0.013 （0.44）
Audit	−0.083** （−2.23）	−0.081** （−2.17）	−0.086** （−2.29）
Constant	6.446*** （22.05）	6.456*** （21.94）	6.484*** （22.47）
行业	控制		
年份	控制		
观测值	3034	3034	3034
Adj-R^2	0.320	0.320	0.320

注：括号内为 t 统计值

、*分别表示在 5%、1%水平上显著

二、假说 H2a 与假说 H2b 的检验

借鉴现有文献（吴育辉和吴世农，2010），本书以 CEO 是否兼任董事长或副董事长代表 CEO 在董事会中的影响力。表 3-4 的第（1）、第（3）和第（5）栏显示兼任的公司，Luck 与 Ovlp 的交互项系数并不显著，而第（2）、第（4）和第（6）

栏显示不存在兼任的公司，该交互项的系数显著为负，表明当 CEO 兼任董事长或副董事长时，CEO 权力产生了负面作用。而 CEO 不兼任董事长或副董事长的公司能更好地维护专门委员会的独立性，使专门委员会职位重叠的优势得以发挥，有利于降低运气薪酬。检验结果为假设 H2a 的成立提供了支持。

表 3-4　CEO 权力、薪酬委员会与审计委员会职位重叠和 CEO 运气薪酬

自变量	因变量：lnCompen					
	Ovlp = Dire_Ovlp		Ovlp = Inde_Ovlp		Ovlp = Chief_Ovlp	
	（1）	（2）	（3）	（4）	（5）	（6）
	兼任	无兼任	兼任	无兼任	兼任	无兼任
Luck	3.896**	4.134***	3.618***	3.377***	3.735**	2.964**
	（2.25）	（3.44）	（3.41）	（2.89）	（2.28）	（2.37）
Luck · Ovlp	−1.126	−2.812***	−1.236	−2.345**	−1.630	−2.007***
	（−1.06）	（−3.18）	（−0.98）	（−2.41）	（−0.49）	（−3.22）
Skill	2.543**	2.212***	1.578	2.367***	3.372***	4.522***
	（2.24）	（5.13）	（1.44）	（5.07）	（5.05）	（10.90）
Skill · Ovlp	1.908	1.796*	2.330**	1.863**	2.968**	0.740
	（1.09）	（1.85）	（2.31）	（2.29）	（2.24）	（0.03）
Ovlp	−0.282	0.027	−0.203	0.020	−0.182	0.029
	（−1.03）	（0.18）	（−0.67）	（0.10）	（−0.92）	（0.22）
控制变量	控制					
行业	控制					
年份	控制					
观测值	779	2255	779	2255	779	2255
Adj-R^2	0.391	0.317	0.391	0.316	0.392	0.315

注：括号内为 *t* 统计值

*、**、***分别表示在 10%、5%、1%水平上显著

三、稳健性检验

为检验研究结果的稳健性，本书进行了如下稳健性测试。

（1）由于 CEO 任职于薪酬委员会和审计委员会，可能对这两个委员会的决策形成一定干扰。例如，阻挠信息优势效应或加重董事迎合效应，从而使两个委员会职位重叠的回归系数产生偏误。当 CEO 交叉任职于两个委员会时，情况尤为如

此，因此，本书将 CEO 在薪酬委员会和审计委员会任职的观测值剔除后重新检验假设 H1a，见表 3-5，结果没有明显的变化，表明信息优势效应是稳健存在的。本书另将 CEO 交叉任职于薪酬委员会和审计委员会的 779 个观测值剔除，回归的结果也没有实质性的变化。

表 3-5　不含 CEO 在薪酬委员会和审计委员会任职的回归结果

自变量	因变量：lnCompen		
	（1）Ovlp = Dire_Ovlp	（2）Ovlp = Inde_Ovlp	（3）Ovlp = Chief_Ovlp
Luck	6.519*** （3.02）	4.636** （2.26）	4.363** （2.05）
Luck · Ovlp	−5.559** （−2.51）	−3.472* （−1.92）	−2.426** （−2.35）
Skill	2.214*** （4.78）	2.083*** （5.02）	3.995*** （10.53）
Skill · Ovlp	1.782* （1.84）	3.234*** （2.75）	−0.730 （−1.02）
Ovlp	0.175 （1.30）	0.106 （0.59）	0.198* （1.75）
Size	0.223*** （15.11）	0.221*** （14.99）	0.221*** （14.95）
Lev	0.067 （0.68）	0.093 （0.95）	0.083 （0.84）
Growth	−0.001*** （−2.81）	−0.001*** （−2.83）	−0.001*** （−2.71）
Tenure	0.080*** （5.09）	0.081*** （5.14）	0.079*** （5.04）
Age	0.012*** （3.94）	0.011*** （3.91）	0.011*** （3.69）
Ceosh	0.280*** （7.46）	0.281*** （7.47）	0.285*** （7.56）
Constant	6.362*** （18.25）	6.430*** （18.39）	6.469*** （18.69）
行业	控制		
年份	控制		
观测值	1910	1910	1910
Adj-R^2	0.373	0.373	0.371

注：括号内为 t 统计值

*、**、***分别表示在 10%、5%、1%水平上显著

（2）2008年，国务院国资委发布了《中央企业负责人年度经营业绩考核补充规定》，提出了行业对标的原则，指出中央企业负责人年度经营业绩考核将按照“同一行业，同一尺度”的要求，实施对标管理[①]。2009年第二次修订的《中央企业负责人经营业绩考核暂行办法》再次贯彻了对标原则，提出经营业绩考核目标建议值应“对照同行业国际国内先进水平”。这些文件还指出，地方国有资产监督管理机构对国家出资企业负责人的经营业绩考核可参照国务院国资委颁布的办法执行。因此，2008年以后对标的标准在国有企业业绩考核中逐渐开始推行，这可能对运气薪酬产生一定约束[②]。因此本书将样本中2007年的观测值剔除后重新拟合回归，得到的结果没有发生实质变化。

（3）受到专门委员会独立董事须过半要求的制约，以及董事会中独立董事人数总数的限制，被动重叠的董事人数应是审计委员会和薪酬委员会各自人数的1/2之和与董事会中的独立董事人数之间的差值，即

被动重叠的董事人数＝1/2×审计委员会人数＋1/2×薪酬委员会人数–董事会中的独立董事人数

其中，独立董事人数＞1/2×审计委员会人数，独立董事人数＞1/2×薪酬委员会人数。本书对1/2×审计委员会人数、1/2×薪酬委员会人数都使用四舍五入取整。假如重叠任职的独立董事数小于这个算式的值，就将其归为被动重叠的公司。例如，一个公司独立董事总人数为3人，审计委员会人数为4人，薪酬委员会人数为5人，那么这两个委员会过半数的独立董事分别为2人与3人，可以推断有2个董事被动重叠，即2＋3–3＝2。如果该公司在两个委员会重叠任职的独立董事人数仅为或少于2人，就将其归为被动重叠的样本组。通过这一方法的估算，剔除372个不存在独立董事重叠的观测值，在2662个样本中有57.70%的公司–年

---

① 摘自国务院国资委网站《中央企业负责人年度经营业绩考核补充规定》，http://www.sasac.gov.cn/n2588035/n2588320/n2588335/c4260432/content.html[2017-11-30]。

②《中央企业负责人经营业绩考核暂行办法》（简称《办法》）虽然对照同行业国际国内先进水平，提出任期经营业绩考核目标建议，但没有对低于行业业绩标杆的情形制定惩罚措施。并且《办法》规定由企业负责人报送年度经营业绩考核目标建议值，再由国务院国资委核定，这意味着企业负责人对目标值的设定有一定的操纵空间。同时，《办法》中陈列的考核指标还包括技术创新能力、资源节约和环境保护水平、可持续发展能力及核心竞争力等，虽然多元化的指标体系提高了业绩评价的完整性，但也给薪酬辩护增加了借口。因此，对标管理能否对运气薪酬起到作用还存在较多疑问。

是被动重叠的。回归结果（表 3-6）显示，即使是在独立董事仅为被动重叠的公司，也存在信息优势效应。

表 3-6　薪酬委员会与审计委员会职位重叠与 CEO 运气薪酬——按是否仅为被动重叠分组

自变量	因变量：lnCompen					
	剔除薪酬-审计委员会仅为被动重叠的样本			薪酬-审计委员会仅为被动重叠的样本		
	（1） Ovlp = Dire_Ovlp	（2） Ovlp = Inde_Ovlp	（3） Ovlp = Chief_Ovlp	（4） Ovlp = Dire_Ovlp	（5） Ovlp = Inde_Ovlp	（6） Ovlp = Chief_Ovlp
Luck	4.343^{***} （3.24）	2.816^{**} （2.12）	2.754^{***} （2.85）	4.097^{***} （3.07）	4.603 （1.14）	3.050^{**} （2.33）
Luck · Ovlp	-2.652^{***} （−2.78）	-1.373^{*} （−1.93）	-1.006^{**} （−2.28）	-2.571^{**} （−2.21）	−2.443 （−1.57）	-1.573^{*} （−1.91）
Skill	4.756^{***} （4.08）	3.938^{***} （2.96）	4.772^{***} （7.77）	3.809^{***} （4.31）	3.987^{***} （4.06）	4.053^{***} （8.22）
Skill · Ovlp	−0.171 （−0.08）	1.969 （0.65）	−0.615 （−0.40）	1.093 （0.53）	0.697 （0.22）	1.921 （1.31）
Ovlp	0.143 （0.61）	0.006 （0.02）	0.009 （0.06）	−0.019 （−0.09）	−0.555 （−1.64）	−0.048 （−0.33）
Size	0.230^{***} （11.95）	0.233^{***} （12.01）	0.230^{***} （11.94）	0.232^{***} （12.60）	0.231^{***} （12.59）	0.230^{***} （12.56）
Lev	0.020 （0.14）	0.034 （0.23）	0.040 （0.27）	0.051 （0.43）	0.045 （0.38）	0.042 （0.36）
Growth	-0.014^{**} （−2.02）	-0.014^{**} （−2.08）	-0.014^{**} （−2.07）	-0.011^{**} （−2.15）	-0.011^{**} （−2.17）	-0.012^{**} （−2.27）
Tenure	0.050^{***} （3.97）	0.051^{***} （4.04）	0.051^{***} （4.07）	0.042^{***} （3.78）	0.042^{***} （3.80）	0.042^{***} （3.74）
Age	0.004 （1.09）	0.004 （1.01）	0.004 （1.03）	0.017^{***} （5.36）	0.017^{***} （5.34）	0.017^{***} （5.31）
Ceosh	0.282^{***} （5.67）	0.270^{***} （5.47）	0.275^{***} （5.57）	0.201^{***} （5.13）	0.201^{***} （5.15）	0.203^{***} （5.18）
Comp	0.106^{*} （1.83）	0.110^{*} （1.91）	0.108^{*} （1.87）	−0.029 （−0.76）	−0.023 （−0.59）	−0.026 （−0.68）

续表

自变量	因变量：lnCompen					
	剔除薪酬-审计委员会仅为被动重叠的样本			薪酬-审计委员会仅为被动重叠的样本		
	（1） Ovlp = Dire_Ovlp	（2） Ovlp = Inde_Ovlp	（3） Ovlp = Chief_Ovlp	（4） Ovlp = Dire_Ovlp	（5） Ovlp = Inde_Ovlp	（6） Ovlp = Chief_Ovlp
Audit	−0.163** （−2.37）	−0.161** （−2.34）	−0.159** （−2.30）	−0.044 （−0.92）	−0.042 （−0.87）	−0.050 （−1.04）
Constant	6.553*** （13.23）	6.574*** （13.07）	6.626*** （13.84）	6.428*** （14.67）	6.586*** （14.85）	6.483*** （14.95）
行业	控制					
年份	控制					
观测值	1126	1126	1126	1536	1536	1536
Adj-R^2	0.331	0.329	0.330	0.317	0.318	0.318

注：括号内为 *t* 统计值

*、**、***分别表示在 10%、5%、1%水平上显著

如果两个委员会的负责人重叠，那么应该不能理解为是一种被动行为。本书对这种重叠专门设置了变量 Chief_Ovlp，在研究的主体部分进行了检验。

如果重叠的董事中有非独立董事，那么也不是一种被动的重叠。本书将在公司领取薪酬或有管理职位的董事视为内部董事。样本中有 10.45%的公司-年存在内部董事重叠。本书在稳健性检验中提供了以内部董事重叠为检验变量的回归结果。结果显示（表 3-7），Ovlpinsi 的系数为负，但不显著。这意味着内部执行董事与 CEO 同属公司的高级管理层，这一类型董事在两个委员会重叠并不能产生明显的信息优势，但这种非被动的重叠并没有被 CEO 所利用，不会为 CEO 的运气薪酬带来便利。

表 3-7　内部董事的职位重叠与 CEO 运气薪酬

自变量	系数
Luck	4.187* （1.91）
Luck · Ovlpinsi	−1.984 （−0.88）
Skill	4.449*** （12.54）
Skill · Ovlpinsi	−1.489 （−1.46）

续表

自变量	系数
Ovlpinsi	−0.018 (−0.19)
Size	0.232*** (19.61)
Lev	0.089 (1.07)
Growth	−0.012*** (−3.15)
Tenure	0.049*** (6.16)
Age	0.011*** (4.69)
Ceosh	0.225*** (7.82)
Comp	0.015 (0.49)
Audit	−0.089** (−2.37)
Constant	6.381*** (22.13)
行业	控制
年份	控制
观测值	3034
Adj-R^2	0.320

注：括号内为 t 统计值

*、**、*** 分别表示在 10%、5%、1%水平上显著

（4）对于业绩指标，还使用了剔除非经常性损益后的净利润/总资产进行替代，对假设进行再次检查，见表 3-8 和表 3-9，研究结果基本一致。

表 3-8　薪酬委员会与审计委员会职位重叠与 CEO 运气薪酬——以剔除非经常性损益后的净利润/总资产为业绩变量

自变量	因变量：lnCompen		
	（1）Ovlp = Dire_Ovlp	（2）Ovlp = Inde_Ovlp	（3）Ovlp = Chief_Ovlp
Luck	4.760*** (3.02)	4.185** (2.24)	3.689*** (2.99)

续表

自变量	因变量：lnCompen		
	（1）Ovlp = Dire_Ovlp	（2）Ovlp = Inde_Ovlp	（3）Ovlp = Chief_Ovlp
Luck · Ovlp	−2.774** （−2.15）	−3.150** （−2.32）	−2.479*** （−3.60）
Skill	3.241*** （5.37）	3.009*** （5.08）	3.851*** （10.97）
Skill · Ovlp	1.921 （1.45）	3.285** （1.98）	1.651 （1.41）
Ovlp	−0.044 （−0.46）	−0.052 （−0.43）	−0.039 （−0.51）
Size	0.227*** （18.96）	0.227*** （18.88）	0.225*** （18.75）
Lev	0.044 （0.53）	0.051 （0.61）	0.049 （0.58）
Growth	−0.008** （−2.22）	−0.008** （−2.22）	−0.009** （−2.35）
Tenure	0.049*** （6.21）	0.049*** （6.20）	0.050*** （6.24）
Age	0.010*** （4.52）	0.010*** （4.55）	0.010*** （4.47）
Ceosh	0.232*** （8.00）	0.230*** （7.93）	0.233*** （8.05）
Comp	0.012 （0.41）	0.014 （0.47）	0.013 （0.42）
Audit	−0.085** （−2.28）	−0.083** （−2.22）	−0.090** （−2.40）
Constant	6.573*** （22.95）	6.573*** （22.81）	6.632*** （23.29）
行业	控制		
年份	控制		
观测值	3034	3034	3034
Adj-R^2	0.314	0.314	0.314

注：括号内为 t 统计值；使用扣除非经常性损益的净利润/总资产代表 Perfm

、*分别表示在 5%、1%水平上显著

表 3-9　CEO 权力、薪酬委员会与审计委员会职位重叠与 CEO 运气薪酬——以剔除非经常性损益后的净利润/总资产为业绩变量

自变量	因变量：lnCompen					
	（1）Ovlp = Dire_Ovlp	（2）Ovlp = Dire_Ovlp	（3）Ovlp = Inde_Ovlp	（4）Ovlp = Inde_Ovlp	（5）Ovlp = Chief_Ovlp	（6）Ovlp = Chief_Ovlp
	兼任	无兼任	兼任	无兼任	兼任	无兼任
Luck	5.121***	4.035***	5.546***	5.614**	5.255***	4.772**
	（2.89）	（2.74）	（2.77）	（2.19）	（2.71）	（2.44）
Luck · Ovlp	−2.712	−2.805***	−3.311	−4.702**	−3.767	−3.607***
	（−0.72）	（−2.90）	（−0.60）	（−2.01）	（−0.65）	（−3.34）
Skill	3.194***	2.722***	2.995**	2.546***	3.318***	2.442***
	（3.42）	（5.17）	（2.30）	（5.02）	（3.48）	（10.54）
Skill · Ovlp	2.246	2.017	5.127*	3.339*	6.739**	−0.053
	（0.94）	（1.27）	（1.67）	（1.68）	（2.25）	（−0.04）
Ovlp	−0.051	−0.034	0.003	−0.049	−0.226	−0.022
	（−0.26）	（−0.31）	（0.01）	（−0.35）	（−1.39）	（−0.24）
Size	0.266***	0.219***	0.270***	0.218***	0.258***	0.218***
	（10.70）	（15.93）	（10.77）	（15.82）	（10.30）	（15.80）
Lev	0.177	−0.022	0.181	−0.011	0.193	−0.023
	（1.00）	（−0.23）	（1.03）	（−0.11）	（1.10）	（−0.24）
Growth	0.003	−0.009**	0.002	−0.009**	0.003	−0.010**
	（0.33）	（−2.22）	（0.31）	（−2.26）	（0.35）	（−2.29）
Tenure	0.037**	0.050***	0.038**	0.049***	0.037**	0.050***
	（2.33）	（5.39）	（2.34）	（5.36）	（2.30）	（5.39）
Age	0.012***	0.009***	0.012***	0.009***	0.013***	0.009***
	（2.81）	（3.42）	（2.76）	（3.43）	（3.05）	（3.36）
Ceosh	0.182***	0.234***	0.177***	0.231***	0.185***	0.238***
	（3.39）	（6.70）	（3.28）	（6.63）	（3.45）	（6.79）
Comp	0.062	−0.036	0.063	−0.032	0.059	−0.032
	（1.12）	（−1.00）	（1.14）	（−0.87）	（1.05）	（−0.87）
Audit	−0.014	−0.110**	−0.019	−0.105**	−0.018	−0.111**
	（−0.20）	（−2.52）	（−0.25）	（−2.41）	（−0.24）	（−2.54）
Constant	5.735***	6.720***	5.634***	6.752***	5.887***	6.770***
	（10.03）	（20.09）	（9.76）	（20.11）	（10.36）	（20.29）
行业	控制					
年份	控制					
观测值	779	2255	779	2255	779	2255
Adj-R^2	0.385	0.312	0.386	0.311	0.387	0.311

注：括号内为 t 统计值；使用扣除非经常性损益的净利润/总资产代表 Perfm

*、**、***分别表示在 10%、5%、1%水平上显著

第五节　进一步研究

一、专门委员会董事重叠与运气薪酬非对称性

现有文献报告了运气薪酬的非对称性特征，即好运气所带来的薪酬增长超过了坏运气导致的薪酬下滑。为了掩饰薪酬的不合理性，高管需要寻找各种理由为这种非对称性辩护。当公司业绩出现上升时，高管更多地将其归功于个人的努力；当公司业绩出现下滑时，高管更多地将其归因于不利的外部环境。一些上市公司在解释财务报表报告期内业绩下降主要原因时，常常以原材料、人工等成本增加及政策变化等外界因素为理由（方军雄，2009），如在2011年中核华原钛白股份有限公司将“最低工资上调”作为公司给出的首要原因；云南罗平锌电股份有限公司、云南云维集团有限公司将业绩下降归因于干旱至水电涨价；广东嘉应制药股份有限公司、湖南汉森制药股份有限公司等医药公司针对业绩下滑给出的理由都是“营业外收入（政府补助款）同比减少”。

对于运气薪酬的非对称性问题，增强业绩信息的准确性和透明性是一个重要的解决途径，在各种监督力量中审计对薪酬激励的嵌入所产生的治理作用是不可忽视的。首先，内部审计要求对经营活动的经济性和效率性进行评价，两个委员会的职位重叠使标杆思想更透彻地运用到业绩考核与薪酬制定中[①]，促使薪酬委员会更充分地了解本公司在行业中的相对业绩，有助于他们对行业景气度与高管的能力及努力进行区分（罗宏和刘宝华，2012；Cornell and Schwartz，2012）。特别地，如果年度议案中高管薪酬出现较大增幅，就更易引起薪酬委员会和审计委员会的额外关注。根据一些研究报道，近几年我国国有企业的高管薪酬存在黏性，引发了公众对高管薪酬与公司绩效之间匹配性的质疑（方军雄，2009，2011）。由于关系到社会分配的公平性和国有企业的效率问题，政府对此较为担忧，出台了

① 根据中国内部审计协会2007年发布的《中国内部审计准则》，在进行经济性审计时可运用标杆法，即通过与组织内外部相同或相似经营活动的最佳实务进行比较而取得审计证据；同时，效率性审计以管理层提供的有关效率性方面的信息是否真实、可靠为主要评价内容，采取的方法是在计算经营活动效率的基础上，与先进的、可比的效率评价标准进行对比，分析影响组织经营活动效率的主要因素，提出有针对性的、切实可行的改进建议，评价中可以参照国内同行业同类组织各项效率指标的先进水平。

相关文件限制国有企业高管薪酬过快增长①。在这些文件精神的贯彻下，薪酬委员会和审计委员会对高管薪酬过快增长的现象都会有所警惕。当两个委员会存在职位重叠时，监督的力量将更集中。

其次，以往的研究表明，薪酬方案设计可能诱发高管过度冒险行为（Nam et al.，2003；Coles et al.，2006）。运气薪酬的非对称性也是一种易触发风险承担行为的激励机制。两个委员会职位重叠所产生的信息优势效应有助于董事发现高管的冒险动机，进而通过限制运气薪酬来减弱这种动机。Garvey 和 Milbourn（2006）认为如果高管对运气拥有私人信息，并且如果他们既可以决定投资又有能力设定自己的薪酬，那么他们就会根据公司业绩对运气的反应系数建立自己期望的风险敞口。薪酬对运气业绩敏感性呈非对称性预示着高管在运气好时选择低风险敞口策略所承担的损失大于在运气差时选择高风险敞口所承担的损失，这种薪酬设计易触发高管选择高风险敞口的策略，采取激进的财务政策。审计委员会通过审查风险评估活动有机会更全面地洞察高管的机会主义动机及其后果（Bargeron et al.，2010），在薪酬方案的制定中尽量减少触发高管冒险行为的设计缺陷。在实务界，国外的企业已经开始倡导审计委员会与薪酬委员会之间就风险问题开展有目的的协作。2009 年，在北美审计委员会领导网络联席会议上，参与者认为，防范与薪酬相关的风险（compensation-related risk）是一个关键的治理问题，审计委员会应评价薪酬与风险之间的关系；至少应有一名董事同时在审计委员会与薪酬委员会任职。

鉴于以上两个方面的分析，本书预期薪酬委员会与审计委员会人员重叠有利于降低运气薪酬的非对称性。为检验这二者的关系，参照 Garvey 和 Milbourn（2006）及 Gopalan 等（2009）的分段线性回归方法，对运气业绩（Luck）及高管才能业绩（Skill）进行分段，考察薪酬对不同分段上运气业绩敏感度的差异。分别以各行业 Luck 和 Skill 的中位值为界，设置 Luck_up 和 Luck_down②如下：

---

① 2002 年国务院规定国有企业高管年薪不得超过职工平均工资的 12 倍。2009 年 9 月 16 日，经国务院同意中央六部委联合下发《关于进一步规范中央企业负责人薪酬管理的指导意见》，首次明确规定国有企业高管基本年薪与上年度中央企业在岗职工平均工资挂钩，实质上以变通的方式设置了高管薪酬的上限，因此被称为“限薪令”。该意见还强调要对国有企业负责人薪酬制度实施过程和实施结果进行监督检查，及时对违规行为进行处理。

② 如果 $Luck_{et}$ 大于等于 $Luck_{et}$ 的行业中位值，那么 $Luck\_up_{et}$ 的取值为 $Luck_{et}$，而 $Luck\_down_{et}$ 的取值为 0；相反地，如果 $Luck_{et}$ 小于 $Luck_{et}$ 的行业中位值，那么 $Luck\_down_{et}$ 的取值为 $Luck_{et}$，而 $Luck\_up_{et}$ 的取值为 0。$Luck\_up_{et}$ 与 $Luck\_down_{et}$ 同时被纳入回归式。

$$\text{Luck\_up}_{et}=\begin{cases}\text{Luck}_{et}，当\text{Luck}_{et}大于等于\text{Luck}_{et}的行业中位值\\0，当\text{Luck}_{et}小于\text{Luck}_{et}的行业中位值\end{cases}$$

$$\text{Luck\_down}_{et}=\begin{cases}\text{Luck}_{et}，当\text{Luck}_{et}小于\text{Luck}_{et}的行业中位值\\0，当\text{Luck}_{et}大于等于\text{Luck}_{et}的行业中位值\end{cases}$$

类似地，设置了 Skill_up 和 Skill_down，并为这四个变量加上与专门委员会人员重叠的交互变量，则形成式（3-4）：

$$\begin{aligned}&\lambda_1\text{Luck\_down}_{et}+\lambda_2\text{Luck\_down}_{et}\cdot\text{Ovlp}_{et}+\lambda_3\text{Luck\_up}_{et}+\lambda_4\text{Luck\_up}_{et}\cdot\text{Ovlp}_{et}\\&+\lambda_5\text{Skill\_down}_{et}+\lambda_6\text{Skill\_down}_{et}\cdot\text{Ovlp}_{et}+\lambda_7\text{Skill\_up}_{et}+\lambda_8\text{Skill\_up}_{et}\cdot\text{Ovlp}_{et}\end{aligned}\quad(3\text{-}4)$$

以 lnCompen 为因变量，式（3-4）中各变量为待检验变量，其他的控制变量与式（3-3）相同。

表 3-10 报告了专门委员会人员重叠与运气薪酬非对称性的回归结果。Luck_up 与 Luck_up·Ovlp 的系数之和比 Luck_down 与 Luck_down·Ovlp 的系数之和大，表明国有上市公司的 CEO 薪酬对运气业绩存在非对称性，即当运气较差时，CEO 不会因为运气的下滑而受到太多的惩罚；而当运气较好时，CEO 薪酬对好的运气业绩表现为较强的敏感性。

表 3-10 专门委员会人员重叠与运气薪酬非对称性的回归结果

自变量	因变量 lnCompen		
	（1） Ovlp = Dire_Ovlp	（2） Ovlp = Inde_Ovlp	（3） Ovlp = Chief_Ovlp
Luck_down	4.042**	3.411*	4.142**
	（2.248）	（1.988）	（2.176）
Luck_down · Ovlp	−1.752	−0.909	−1.920*
	（−0.283）	（−0.083）	（−1.780）
Luck_up	4.712***	3.948***	4.840***
	（3.016）	（2.892）	（3.325）
Luck_up · Ovlp	−2.064**	−1.074**	−2.221***
	（−2.214）	（−2.192）	（−2.907）
Skill_down	3.935***	4.115***	4.693***
	（3.640）	（4.054）	（7.535）
Skill_down · Ovlp	2.601	2.713	1.879
	（0.984）	（0.869）	（1.013）

续表

自变量	因变量 lnCompen		
	（1） Ovlp = Dire_Ovlp	（2） Ovlp = Inde_Ovlp	（3） Ovlp = Chief_Ovlp
Skill_up	3.408*** （3.997）	2.901*** （3.419）	3.967*** （8.340）
Skill_up · Ovlp	1.715 （0.917）	3.906 （1.645）	0.794 （0.513）
Ovlp	−0.055 （−0.373）	−0.112 （−0.609）	0.085 （0.711）
行业	控制		
年份	控制		
观测值	3034	3034	3034
Adj-R^2	0.321	0.320	0.321

注：括号内为 t 统计值

*、**、***分别表示在 10%、5%、1%水平上显著

二、中央政府控制公司与地方政府控制公司的区别

中央政府控制公司担负着较多的社会功能，并且由于其规模庞大，对国家经济的影响较深远（权小锋等，2010）。

在对央企人事权的安排上，2004 年 10 月发布的《中央组织部、国务院国资委党委关于加强和改进中央企业党建工作的意见》指出，国有独资和国有控制公司实行“双向进入、交叉任职”①的企业领导体制。2009 年 3 月发布的《董事会试点中央企业董事会规范运作暂行办法》规定，董事会行使职权应当与发挥公司党组织政治核心作用相结合，董事会决定公司的重大问题和选聘高级管理人员，应当事先听取公司党组织的意见②。虽然一些地方国有资产管理机构也随后出台了类似的文件，但是与主导性文件相比，地方国有资产管理机构颁布的参照性条例在效力上有所不及。

① 即企业的党委成员可以通过法定程序分别进入董事会、监事会和经理班子，董事会、监事会、经理班子中的党员可以依照有关规定进入党委会。

② 据报道，115 家央企“一把手”高管人事权一般有四种情况：董事长、党组书记、总经理“一肩挑”；董事长兼任党组书记，总经理兼任副董事长（董事）或副书记；党组书记兼任副总经理，总经理兼任党组副书记；董事长、党组书记和总经理三权独立分开。其中，第二、第三种情况较为常见。可见“双向进入、交叉任职”在央企中得到广泛推行。

中央政府控制公司的外部董事①多为国务院国资委内部配置，央企中 60%以上的外部董事来源于国务院国资委系统，这类外部董事能否独立地行职备受公众质疑。相比之下，地方国有企业的股权结构较复杂，董事来源更加多元化，即使设有一定比重外部董事，也较多地受到其他股东代表的制衡。

综上所述，在中央政府控制公司中，董事会的独立性受到限制，致使职位重叠这一结构未必显现其作用。表 3-11 报道了将中央控制的上市公司与地方控制的上市公司进行分组回归的结果中，Luck 系数显示中央控制的上市公司，其 CEO 薪酬对运气业绩的敏感性比地方控制的上市公司高。而 Luck·Ovlp 系数却表明，薪酬委员会与审计委员会职位重叠对地方控制的上市公司的运气薪酬的治理效果较明显，而对于中央控制的上市公司则不然。

表 3-11　薪酬委员会与审计委员会职位重叠和 CEO 运气薪酬：中央控制的和地方控制的上市公司分组回归的结果

自变量	因变量：lnCompen					
	Ovlp = Dire_Ovlp		Ovlp = Inde_Ovlp		Ovlp = Chief_Ovlp	
	（1）	（2）	（3）	（4）	（5）	（6）
	中央	地方	中央	地方	中央	地方
Luck	6.187**	3.726*	5.575**	2.991*	5.548**	2.103
	（2.14）	（1.91）	（2.76）	（1.84）	（2.20）	（1.46）
Luck · Ovlp	−3.478	−2.962**	−2.151*	−1.431**	−4.002	−1.521**
	（−0.73）	（−2.47）	（−1.87）	（−2.58）	（−1.06）	（−1.99）
Skill	4.153***	1.782***	3.455***	1.821***	4.251***	2.747***
	（4.38）	（4.14）	（3.75）	（4.63）	（7.99）	（10.42）
Skill · Ovlp	−0.329	2.616***	2.350	3.597***	−3.219*	0.156
	（−0.14）	（2.77）	（0.77）	（3.15）	（−1.79）	（0.24）
Ovlp	0.226	0.083	−0.023	0.060	0.113	0.119
	（0.79）	（0.63）	（−0.06）	（0.35）	（0.52）	（1.16）
Size	0.190***	0.224***	0.191***	0.223***	0.187***	0.221***
	（7.74）	（15.05）	（7.79）	（14.97）	（7.68）	（14.80）
Lev	0.245	0.025	0.248	0.046	0.249	0.040
	（1.31）	（0.28）	（1.32）	（0.51）	（1.33）	（0.44）

① 国有控股公司的董事会存在一类不同于一般独立董事的外部董事。根据《国有控股上市公司（境内）实施股权激励试行办法》，外部董事是指由国有控股股东依法提名推荐，由任职公司或控股公司以外的人员（非本公司或控股公司员工的外部人员）担任的董事。从产生机制上看，外部董事通常由国务院国资委任命；从利益关系上看，外部董事直接代表了国有出资人的利益。

续表

自变量	因变量：lnCompen					
	Ovlp = Dire_Ovlp		Ovlp = Inde_Ovlp		Ovlp = Chief_Ovlp	
	(1)	(2)	(3)	(4)	(5)	(6)
	中央	地方	中央	地方	中央	地方
Growth	−0.001 (−0.93)	−0.001*** (−3.39)	−0.001 (−0.91)	−0.001*** (−3.39)	−0.001 (−0.94)	−0.001*** (−3.34)
Tenure	0.097*** (3.52)	0.056*** (3.82)	0.096*** (3.48)	0.058*** (3.91)	0.099*** (3.62)	0.056*** (3.82)
Age	0.014** (2.45)	0.012*** (4.62)	0.014** (2.42)	0.013*** (4.63)	0.015** (2.58)	0.012*** (4.45)
Ceosh	0.174** (2.52)	0.202*** (5.65)	0.179** (2.58)	0.203*** (5.67)	0.190*** (2.75)	0.207*** (5.79)
Comp	−0.106 (−1.24)	−0.067* (−1.91)	−0.104 (−1.23)	−0.065* (−1.86)	−0.121 (−1.43)	−0.066* (−1.89)
Audit	0.170* (1.81)	−0.034 (−0.76)	0.173* (1.84)	−0.029 (−0.64)	0.161* (1.72)	−0.035 (−0.78)
Constant	6.606*** (11.42)	6.593*** (19.08)	6.671*** (11.54)	6.612*** (19.15)	6.717*** (11.74)	6.679*** (19.49)
行业	控制					
年份	控制					
观测值	520	2169	520	2169	520	2169
Adj-R^2	0.484	0.339	0.484	0.339	0.489	0.337

注：括号内为 t 统计值

*、**、***分别表示在 10%、5%、1%水平上显著

第六节　本 章 小 结

在董事会的各下属专门委员会中，职位的兼任会使原来目标取向、工作任务各异的专门委员会联结在一起，交叉任职的董事需要在不同的职责间权衡，这很可能引导一个专门委员会的职务效能向另一个专门委员会溢出，也可能导致专门委员会间目标冲突的加剧。本章以 A 股国有上市公司为样本检验了两个委员会的职位重叠对 CEO 的运气薪酬的影响。结果发现：审计委员会与薪酬委员会的职位重叠有助于降低 CEO 薪酬对运气的敏感性，但是在 CEO 权力较大的公司，两个委员会的职位重叠对运气薪酬的治理效果减弱；由于 CEO 的运气薪酬呈现非对称特征，进一步研究发现两个委员会的职位重叠主要削弱了 CEO 薪酬对好运气的敏

感度，内部董事在专门委员会间的重叠任职对 CEO 运气薪酬也有治理作用，而且专门委员会的职位重叠对运气薪酬的影响主要存在于地方政府控制的国有上市公司中。

专门委员会重叠任职不仅体现了专门委员会间人员的连带关系，而且反映了董事会多目标任务间的协调，使用这一新的指标为探析董事会治理效率提供了新的视角。以往的研究（Laux C and Laux V，2009）从理论模型层面论证了审计委员会与薪酬委员会职位重叠会降低薪酬强度，从而减弱高管从事盈余管理的动机。本章则将理论分析推进到实证阶段，并从信息利用效率这个新的角度考察专门委员会职位重叠的作用。研究结果表明，在审计委员会与薪酬委员会职位重叠的条件下，审计委员会对薪酬委员会的信息溢出效应可遏制高管利用运气在薪酬上抽租，增强对非业绩薪酬的治理。

第四章　公司成长性、行业竞争与运气薪酬

第一节　引　　言

行业的运气虽然是外生性因素，但是高管是否可以通过判断运气的类型，采取与运气类型相匹配的投资战略来实现公司的价值增长呢？从公司战略的视角来看，Gopalan 等（2009）讨论了战略灵活性与运气薪酬的关系，认为公司业绩中运气的部分并不完全来自外生力量，它也取决于高管如何针对行业业绩的变化采取与之相匹配的战略。为了激励高管采取有利于公司的战略，股东需要在薪酬契约中设定以下三个机制：首先，有能力的高管能较正确地判断运气的好坏，从而选择合适的战略。为达到更好的激励效果，薪酬对运气的敏感性应随着高管能力的提高而提高。其次，在正确判断之下，高管针对行业业绩变化采取相应的风险战略，这种能力称为战略灵活性。战略灵活性直接影响到公司业绩中运气成分的变化。公司的战略灵活性越高，薪酬对运气的敏感性也越应得到提高。最后，运气好时，股东的边际收益也高，高运气薪酬能够激励高管更努力地判别形势及运用高匹配战略。由于高管是风险厌恶的，他们逃避损失的动机强于获取收益的动机，如果高管的风险厌恶程度足够强，为保证高管努力工作，只好采取非对称的运气薪酬，即好运气时，薪酬对业绩的敏感性超过坏运气时薪酬对业绩的敏感性。在战略灵活性强的公司，运气薪酬的非对称性程度会更强。

本书认为，考察运气业绩，还需立足于内外部环境的变化，公司成长性与行业竞争在一定程度上影响了公司对运气薪酬方案的运用。公司成长性指标是衡量一个上市公司经营状况与发展前景的重要指标之一，它主要体现公司的发展潜力和竞争力。高成长性的公司需要抓住行业增长的机会实现扩张，而运气薪酬可能是激励高管实施成长战略的有效工具。另外，行业竞争也影响着企业对运气的态度。当行业竞争激烈时，公司面临更多的不确定性，更需要有较高管理才能的高管判断行业的景气度，从而制定有利于公司发展的投资战略，在薪酬契约上也需要一个较高的运气业绩敏感性。

本章将运气薪酬研究的视角延展到公司成长性与行业竞争，这一研究能够为

高成长及高竞争行业中公司制定最优的薪酬激励方案提供一定的借鉴，同时也丰富了公司成长性、行业竞争与运气薪酬方面的研究。

第二节　理论分析与研究假说

一、公司成长性对高管运气薪酬的影响

成长性是公司生产过程中规模不断扩大、经营效益不断提高的状态和能力，高成长预示着公司具有较多的增长机会。钱德勒（1987）、Marshall（2009）认为，公司成长是公司规模扩张和竞争力的增长。规模扩张可以促使公司向着最优的生产规模迈进；而竞争力的增长是公司创新能力和市场盈利能力的综合体现。Morgado 和 Pindado（2003）研究发现，公司成长性影响着企业的投资战略，成长性好的公司，面临的投资机会较多，此时，有管理才能的高管对公司的发展尤为重要。Freire 等（2002）认为公司成长性越高，利用资源的能力越重要。

对高成长的公司来说，所面对的市场规模及市场空间较大，投资机会也较多，这就要求公司密切关注市场变化，发现未来的机会与风险，根据市场需求达到最优的生产规模，并尽量降低市场的交易费用。这类公司会特别重视高管对外部环境的应对能力。例如，是否能敏锐地捕捉市场机会；决策是否具备前瞻性与创新性；是否能根据环境变化灵敏地配置资源等。在高成长的公司中，将高管薪酬与运气业绩相结合，有助于激励高管发挥管理才能，根据运气因素动态地调整公司战略，实现公司价值增长。

综上所述，高成长公司更具有动机在薪酬方案中纳入运气业绩指标，从而激励高管将投资策略与好运气更有效地进行匹配。基于此，本章提出假说 H3。

假说 H3：处于高成长阶段的公司，高管的运气薪酬强度更高。

二、行业竞争对高管运气薪酬的影响

公司所处的行业竞争越激烈，其所面临的被掠夺风险及产品被替代风险越高。首先，在市场集中度比较低的行业中，公司面临的竞争者较多，公司要想获取更多的市场份额，就必须通过增加投资，加快技术创新，努力开发新产品以争夺市

场份额，此时公司面临较高的掠夺风险（韩忠雪和周婷婷，2011）。Haushalter 等（2007）也认为，公司把握投资机会的能力决定公司的未来生存，如果公司丧失投资机会，将会因失去投资机会而被竞争对手瓜分市场份额。其次，根据波特的五力模型，行业内的竞争者越多，公司的市场化程度就越高，公司之间提供产品的差异越小，产品的替代风险越大。并且，在高竞争行业，激烈的竞争使行业内的公司之间成本与利润水平近乎一致（刘凤委和李琦，2013）。这意味着公司获取超额利润的难度加大，亏损、破产的风险也越来越大。

随着市场竞争的加剧，所面临的掠夺风险上升，对行业形势的准确研判，以及在产品开发、抢占市场方面快速采取行动成为公司生存的关键因素。公司如果将高管薪酬与运气指标相关联，那么就可以通过内部激励机制发挥行业竞争的治理作用，从而达到更好的激励效果。综上所述，处于高竞争行业的公司面临更多的不确定性，更需要留住那些可善于抓住行业发展方向，为公司创造价值的高管。因此，高竞争行业中的公司将倾向于采用运气敏感性更高的薪酬契约以加强对高管的激励，由此提出假说 H4。

假说 H4：处于高竞争行业的公司，高管薪酬与运气的敏感性更高。

三、公司成长性、行业竞争对高管运气薪酬的影响

成长性好的公司拥有更多的投资机会，但这些成长机会的实现受到行业环境的影响。在激烈的行业竞争环境中，高成长公司要实现增长机会难度更大，对高管提出了更高的要求。为避免投资机会被竞争对手掠夺，高成长公司只有抓住成长机会，积极应对行业变化，在激烈的市场竞争中抢夺有限资源，灵活地选择战略，争取更多的市场份额，才能保持公司成长性。因此，公司成长性与高管运气薪酬的关系受行业竞争的影响，在竞争激烈的行业，成长性高的公司采取运气敏感性更高的薪酬契约有望达到更好的激励效果。

综上所述，公司成长性和行业竞争两个因素对高管薪酬与运气的敏感性可能存在交互影响。本章试图考察行业竞争对成长性与运气薪酬之间的关系是否存在差异化的影响。由此提出假说 H5。

假说 H5：行业竞争能够强化公司成长性对薪酬运气敏感性的影响。

第三节　实证研究设计

一、样本与数据来源

本章以我国 2010～2015 年沪深上市公司作为研究的样本。在数据筛选的过程中，本章剔除了：①金融行业的上市公司、ST 股（经营连续两年亏损，特别处理）和*ST 股（经营连续三年亏损，退市预警）公司；②高管薪酬缺失的样本公司；③其他变量缺失的样本公司。对连续变量进行缩尾处理，基本消除了极端值的影响。最终得到 12 627 个上市公司高管薪酬的样本。并且，本章选择恰当的指标衡量公司成长性，并将全部样本划分为高成长公司和低成长公司两个子样本，高成长公司有 3786 个样本观测值，低成长公司有 8841 个样本观测值；按照行业竞争性高低将样本分为高竞争企业和低竞争企业两个子样本，分别有 8558 个和 4069 个。此外，本章用于实证研究样本的数据主要来自 CSMAR 数据库、Wind 数据库。数据处理主要采用 Stata 14.0 完成。

二、变量选取

1. 被解释变量

针对高管薪酬的衡量指标，国内外学者针对不同的研究选取的标准有所不同。一般而言，高管薪酬包括货币薪酬及股权薪酬两部分，但是，在我国针对高管的股权激励计划实行得比较晚，高管普遍存在零持股或持股比重低的现象，而且根据公开数据几乎无法区分高管持有的股票来自公司奖励还是自购（方军雄，2009）。因此，本章借鉴黎文靖和胡玉明（2012）、唐松和孙铮（2014）、蒋涛等（2014）的做法，用上市公司“排名前三的高管薪酬总额”来衡量高管薪酬，并取高管薪酬的自然对数作为模型的被解释变量。

2. 解释变量

1）运气业绩

本章选择剔除被计算公司自身的行业平均资产收益率（return on assets，ROA）

作为高管运气的衡量指标。参照 Bertrand 和 Mullainathan（2001）、邓晓岚等（2015）的做法，首先，利用行业平均资产收益率估算公司业绩中的运气业绩的部分，然后再估计高管薪酬对运气因素的敏感性。

$$\text{Perfm}_{it} = \beta\text{Sect\_perfm}_t + \mu_t\text{Year} + \varepsilon_{it} \tag{4-1}$$

$$\text{Luck}_{it} = \hat{\beta}\text{Sect\_perfm}_t + \hat{\mu}_t\text{Year} \tag{4-2}$$

$$\text{Skill}_{et} = \text{Perfm}_{et} - \text{Luck}_{et} \tag{4-3}$$

式中，下标 e 为 CEO；Perfm_{it} 为公司 i 的业绩，以公司资产收益率作为替代变量；Sect_perfm_t 为除本公司以外计算得到的行业内公司的平均业绩，并以总资产加权平均作为权数。行业内公司平均业绩的变化是各种因素对该行业的作用结果，将该公司排除在外，计算得到行业平均业绩。在计算运气业绩的过程中，选取年份虚拟变量 Year 作为控制变量，年份虚拟变量作为控制 t 年宏观经济表现的替代变量。运用式（4-1）进行线性回归，估算出相应的系数，然后将估算出的系数代入式（4-2）中计算出 Luck，由式（4-3）计算出 Skill，其中 Luck 代表运气因素所产生的业绩，Skill 表示由高管才能带来的业绩。

2）公司成长性

公司成长性是公司在经营管理与发展趋势等多个方面体现出来的一种综合特征。不同学者选择的公司成长性的衡量指标并不完全统一，主要指标有营业收入增长率、每股净利润、净利润增长率、总资产增长率及主营业务利润增长率等。为了检验公司成长性对高管薪酬与运气敏感性的影响，将样本按照公司成长性大小进行分类。当公司年龄小于行业中位数，而业务增长（销售收入增长率）大于行业中位数时定义为高成长公司，这类公司处于有扩张需求的阶段，因此具有较好的成长机会；其他情况则定义为低成长公司。

3）行业竞争

在研究行业竞争对高管薪酬运气敏感性的影响时，本章采用 HHI 作为行业竞争的衡量指标。根据 HHI 是否高于当年所有行业该指数的中值来区分高竞争行业和低竞争行业。HHI 一般被用来衡量公司市场份额的变化，也就是市场中厂商规模的离散程度，HHI 越小，表示行业竞争越激烈。对于行业的划分标准，本章中选择的是证监会行业划分标准，在将制造业按照二级分类标准细分为 10 类之后，所有的样本公司被划分为 21 个行业大类。HHI 公式表示如下：

$$\text{HHI} = \sum_{i=1}^{n} (X_i / X)^2$$

式中，X_i为企业 i 的销售收入；X 为企业的销售收入总和。

根据划分的行业标准及计算得到的行业 HHI 设置行业竞争哑变量。当 HHI 低于当年所有行业该指数的中值时取 1，这类公司处于高竞争行业，否则取 0，即处于低竞争行业。

3. 控制变量

在借鉴前人研究的基础上，本章在检验模型中控制了公司规模、财务杠杆、实际控制人性质、高管规模、高管是否持股、CEO 与董事长是否两职合一及其他控制变量（行业、年份）。具体控制变量介绍如下。

1）公司规模

Murphy（1985）研究指出，公司规模会对高管薪酬产生一定的影响，同时，Edmans 和 Gabaix（2009）的研究证实企业的规模对高管薪酬产生作用，并且两者之间呈现显著的正相关关系。因此，本章参照相关研究结果选取公司的规模作为控制变量，并采用企业总资产的自然对数作为公司规模的衡量指标。

2）财务杠杆

柯可和邱凯（2009）的研究发现，高管薪酬与企业的负债程度显著负相关。公司的资产负债率表示公司资产中来自负债筹资的部分，是评价公司负债水平的综合指标。本章采用公司的年末资产负债率来测量财务杠杆的大小。

3）实际控制人性质

我国大部分的上市公司是国有企业改制而来的，因此在一些上市公司中国有股占有一定的比重。理论上来说，受国有股控制的上市公司不能随意地增加薪酬。本章实际控制人性质哑变量，当实际控制人为政府的情况下取 1，其他取 0。

4）高管是否持股

高管薪酬受到高管控制权的影响。因此，本章出于研究的需要，借鉴吴育辉和吴世农（2010）的研究，加入高管持股作为控制变量，当公司的高管持股时取 1，否则取 0。

5）CEO 与董事长是否两职合一

国内外很多学者研究证实董事长兼任总经理能对高管薪酬产生显著的影响。杜俊涛等（2004）、Cyert 等（2002）研究发现，相比两职分离的公司，两职兼任公司的高管薪酬更高。本章中当 CEO 与董事长为同一人时取 1，否则取 0。

6）高管规模

高管规模反映公司所有权的集中程度，因此，本章选择了高管规模，高管规模指的是研究当年公司高管人数的总和。

7）其他控制变量

为了控制宏观因素的影响，本章选取行业、年份作为控制变量，分别设置行业和年份虚拟变量，用来控制研究当年行业整体的宏观经济变化情况（表 4-1）。

表 4-1 公司成长性、行业竞争与运气薪酬实证分析的变量名称与定义

变量类型	变量符号	变量名称	变量描述
被解释变量	Compen	高管薪酬/万元	第 t 年前三名高管的货币薪酬总额
解释变量	Luck	运气业绩	运用式（4-1）进行线性回归，估算出相应的系数，由式（4-2）估计得出 Luck，表示行业整体业绩变化，即由运气产生的业绩
	Skill	高管才能业绩	式（4-2）中的残差项，由式（4-3）计算出来
	Growth	公司成长性	公司年龄小于行业中位数且业绩增长大于行业中位数取 1，否则取 0
	Comp	行业竞争	HHI 低于所有行业的中位数取 1，否则取 0
控制变量	State	实际控制人性质	实际控制人为政府时为 1，否则为 0
	Size	公司规模	第 t 年末公司总资产的自然对数
	Msize	高管规模	第 t 年公司高管的人数
	Shares	高管是否持股	第 t 年高管是否持股，持股取 1，否则取 0
	Lev	财务杠杆	第 t 年末公司总负债/总资产
	Dual	CEO 与董事长是否两职合一	若第 t 年 CEO 兼任董事长取值为 1，否则为 0

三、模型设计

根据提出的假说 H3、假说 H4 及定义的各种变量，本章在研究中按照不同的分类标准将样本进行分类，其中包括对公司成长性的分类和对行业竞争的分类，并对不同的样本进行回归分析，构建的多元回归模型如下：

$$\begin{aligned}\text{lnCompen} = &\alpha_0+\alpha_1\text{Luck}+\alpha_2\text{Skill}+\alpha_3\text{State}+\alpha_4\text{Size}+\alpha_5\text{Lev}+\alpha_6\text{Msize}\\&+\alpha_7\text{Shares}+\alpha_8\text{Dual}+\sum\text{Year}+\sum\text{Industry}+\varepsilon\end{aligned} \tag{4-4}$$

式中，α_0为截距项；ε为随机误差项。

为了检验假说 H5 的结论是否成立，本书拟将样本按公司成长性进行分组，然后在回归模型中加入运气业绩与行业竞争的交乘变量进行回归，构建式（4-5）：

$$\begin{aligned}\text{lnCompen} = &\alpha_0+\alpha_1\text{Luck}+\alpha_2\text{Skill}+\alpha_3\text{Luck}\cdot\text{Comp}+\alpha_4\text{Skill}\cdot\text{Comp}\\&+\alpha_5\text{Comp}+\alpha_6\text{State}+\alpha_7\text{Size}+\alpha_8\text{Lev}+\alpha_9\text{Msize}+\alpha_{10}\text{Shares}\\&+\alpha_{11}\text{Dual}+\sum\text{Year}+\sum\text{Industry}+\varepsilon\end{aligned} \tag{4-5}$$

第四节　实证结果与分析

本节以 2010～2015 年沪深上市公司为样本，对第三节研究模型的回归结果进行分析。首先，对本章用到的相关变量进行描述性统计分析；其次，根据三个假说设计的多元回归模型，得出每个假说的实证结果并进行分析，分别检验各假说是否成立；最后，为保证实证结果的可靠性，本章对相关模型进行稳健性检验。

一、描述性统计

表 4-2 给出了有关变量的描述性统计。从表 4-2 中可以看出，高管薪酬的标准差达 141.0954 万元，最大值为 879.8998 万元，最小值为 24.8500 万元，高管薪酬的高低悬殊。财务杠杆的标准差达 0.2229，样本间差异较大。高管才能业绩水平差异也比较大，最小值为–8.5149，最大值达到 21.1717，而高管的运气业绩的标准差比较小，样本公司间的差异不大。样本中国有控制的公司占总样本的比重为 38.22%，高成长性公司占总样本的比重为 29.98%，处于高竞争行业的公司占总样本的比重为 67.78%。公司的平均规模为 12.6782，高管持股的公司占总样本的比重为 63.36%，CEO 与董事长为同一人的占总样本的比重为 25.65%。公司规模的最小值为 5.5482，最大值为 19.2984。

表 4-2　公司成长性、行业竞争与运气薪酬实证分析的变量描述性统计

变量	变量符号	样本数/个	最小值	最大值	均值	中位数	标准差
高管薪酬	Compen	12 627	24.850 0	879.899 8	169.981 7	130.800 0	141.095 4
运气业绩	Luck	12 627	−0.537 2	11.533 2	5.108 7	4.669 5	2.582 9
高管才能业绩	Skill	12 627	−8.514 9	21.171 7	0.328 8	0.424 6	5.669 2
公司成长性	Growth	12 627	0	1	0.299 8	0	0.458 2
行业竞争	Comp	12 627	0	1	0.677 8	1	0.467 4
实际控制人性质	State	12 627	0	1	0.382 2	0	0.485 9
公司规模	Size	12 627	5.548 2	19.298 4	12.678 2	12.522 9	1.330 0
财务杠杆	Lev	12 627	0.040 1	0.943 3	0.430 4	0.422 9	0.222 9
高管规模	Msize	12 627	0	40	6.508 2	6	2.442 8
高管是否持股	Shares	12 627	0	1	0.633 6	1	0.481 8
CEO 与董事长是否两职合一	Dual	12 627	0	1	0.256 5	0	0.436 7

二、实证结果分析

1. 关于高管运气薪酬存在性的检验

表 4-3 检验了我国上市公司高管运气薪酬的存在性。研究结果发现，全部样本 Luck 的回归系数为 0.021，在 1%的水平上显著正相关，该结果说明高管薪酬受运气业绩的影响。当行业景气度较高时，表明高管具有好的运气，此时高管所得到的薪酬也就更高，即公司所在的行业景气程度能够影响高管薪酬激励。该结果与 Bertrand 和 Mullainathan（2001）、Garvey 和 Milbourn（2006）的研究结果一致，说明我国上市公司存在显著的高管运气薪酬支付现象，好运气能够带给高管更高的薪酬。

表 4-3　运气薪酬的存在性

解释变量	被解释变量：lnCompen		
	全部样本	国有上市公司	非国有上市公司
Luck	0.021***	0.037***	0.007
	（2.69）	（3.28）	（0.65）
Skill	0.018***	0.019***	0.019***
	（7.71）	（12.00）	（4.69）

续表

解释变量	被解释变量：lnCompen		
	全部样本	国有上市公司	非国有上市公司
State	-0.044^{***} (−3.51)		
Size	0.238^{***} (27.08)	0.184^{***} (27.42)	0.280^{***} (17.96)
Lev	-0.248^{***} (−8.54)	-0.059^{***} (−3.46)	-0.178^{***} (−4.81)
Msize	0.031^{***} (13.37)	0.035^{***} (9.79)	0.027^{***} (8.84)
Shares	0.097^{***} (8.33)	0.129^{***} (7.60)	0.075^{***} (4.70)
Dual	0.036^{***} (2.89)	0.059^{**} (2.16)	0.045^{***} (3.16)
Constant	1.704^{***} (16.55)	1.399^{***} (5.24)	0.896^{***} (8.11)
年份	控制		
行业	控制		
观测值	12 627	4 826	7 801
F统计量	165.55^{***}	67.26^{***}	109.65^{***}
Adj-R^2	0.300 7	0.305 3	0.308 3

注：括号内为 t 统计值

、* 分别表示在 5%、1%的水平上显著

表 4-3 中还将样本进行划分，按照实际控制人的性质划分为国有上市公司和非国有上市公司。在国有上市公司中，Luck 的系数为 0.037，在 1%的水平上显著，这说明国有上市公司中存在高管运气薪酬现象；而在非国有上市公司中，Luck 的系数为 0.007，且不具有显著性，说明非国有上市公司中不存在显著的运气薪酬现象，这与沈艺峰和李培功（2010）的研究结果相一致，即相比非国有上市公司，国有上市公司中存在明显的运气薪酬现象。此外，高管薪酬与高管规模、高管是否持股及 CEO 与董事长两职兼任呈显著正相关，并与财务杠杆呈负相关。从回归结果中还可以看出，Luck 的系数大于 Skill 的系数，说明公司业绩中运气业绩对高管薪酬的影响大于

高管才能的影响。另外，高管薪酬与公司规模具有显著的正相关关系（Edmans and Gabaix，2009），之所以公司规模较大的公司高管薪酬更高，可能是因为公司规模越大，公司的管理难度越大，对高管能力的要求就会越高。

2. 公司成长性与高管运气薪酬

表 4-4 给出了成长性不同的公司高管薪酬与运气的回归结果。从表 4-4 中可以看出，在高成长公司中，样本模型的 F 值为 43.85，模型整体显著。在控制了实际控制人性质（State）、公司规模（Size）、财务杠杆（Lev）、高管规模（Msize）、高管是否持股（Shares）、CEO 与董事长是否两职合一（Dual）及行业与年度之后，高成长公司高管薪酬与运气业绩（Luck）的相关系数为 0.041，在 1%的水平上显著，而低成长公司高管薪酬与运气业绩的相关系数为 0.014，但是并不显著。由此可以看出，与低成长公司相比，高成长公司高管薪酬与运气业绩的敏感性更显著。这是因为，对于高成长公司来说，其拥有更多的增长机会，需要抓住行业增长的机会实现成长，如果将高管薪酬与运气因素相关联，就能更好地激励高管根据运气采取相应的资产配置策略，实现公司的扩张。另外，在高成长公司中，运气薪酬的系数为 0.041，而高管才能业绩（Skill）的系数为 0.022，依然小于运气薪酬的系数，这说明在高成长公司中，相对于高管薪酬对高管才能的影响来说，高管薪酬对运气因素的影响更大。在控制变量方面，State、Lev 与高管薪酬呈显著的负相关关系，Size、Msize、Shares、Dual 与高管薪酬呈显著的正相关关系。

表 4-4　公司成长性对运气薪酬的影响

解释变量	被解释变量：lnCompen	
	高成长公司	低成长公司
Luck	0.041***	0.014
	（2.80）	（1.47）
Skill	0.022***	0.017***
	（6.30）	（4.43）
State	−0.050*	−0.045***
	（−1.93）	（−2.05）
Size	0.238***	0.238***
	（22.95）	（20.53）

续表

解释变量	被解释变量：lnCompen	
	高成长公司	低成长公司
Lev	−0.192*** (−4.09)	−0.255*** (−3.71)
Msize	0.026*** (6.02)	0.032*** (11.64)
Shares	0.051** (3.24)	0.109*** (3.02)
Dual	0.035** (2.28)	0.037** (2.45)
Constant	1.788*** (9.04)	1.405*** (10.23)
年份	控制	
行业	控制	
观测值	3786	8841
F 统计量	43.85***	123.44***
Adj-R^2	0.2720	0.3137

注：括号内为 t 统计值

*、**、*** 分别表示在 10%、5%、1%的水平上显著

3. 行业竞争与高管运气薪酬

表 4-5 给出了行业竞争不同的公司高管薪酬与运气的回归结果。从表 4-5 中可以看出，在高竞争公司中，样本模型的 F 值为 131.99，模型整体显著。对全部样本按照 HHI 进行分组来研究行业竞争对高管运气薪酬的影响。在控制了实际控制人性质（State）、公司规模（Size）、财务杠杆（Lev）、高管规模（Msize）、高管是否持股（Shares）、CEO 与董事长是否两职合一（Dual）及行业与年度之后，高竞争公司高管薪酬与运气业绩（Luck）的相关系数为 0.026，在 5%的水平上显著，而低竞争企业高管薪酬与运气业绩的相关系数为 0.015，但是并不显著。因此，与处于低竞争行业的公司相比较，处于高竞争行业的公司高管薪酬与运气业绩的敏感性更高。这是因为，在高竞争行业中，公司面临的行业不确定性更大，取得超额利润的难度较高，需要高管准确预测行业的发展，根据行业的景气状况来选择恰当的资产配置策略。因此，这些公司倾向将高管薪酬与运气业绩相关联。同样，在控制变量方面，本章选取的控制变量与高管薪酬均存在显著的相关关系。

表 4-5　行业竞争对运气薪酬敏感性的影响

解释变量	被解释变量：lnCompen	
	高竞争公司	低竞争公司
Luck	0.026** （2.09）	0.015 （1.26）
Skill	0.021*** （6.98）	0.011*** （6.45）
State	−0.051*** （−3.26）	−0.033 （−1.54）
Size	0.252*** （18.25）	0.217*** （18.14）
Lev	−0.303*** （−8.37）	−0.155*** （−3.22）
Msize	0.034*** （11.43）	0.025*** （6.80）
Shares	0.052*** （9.63）	0.183*** （9.49）
Dual	0.034** （2.23）	0.040* （1.90）
Constant	1.364*** （9.47）	1.831*** （12.29）
年份	控制	
行业	控制	
观测值	8558	4069
F 统计量	131.99***	87.30***
Adj-R^2	0.2847	0.3466

注：括号内为 t 统计值

*、**、*** 分别表示在 10%、5%、1%的水平上显著

4. 公司成长性、行业竞争与高管运气薪酬

表 4-6 给出了对公司成长性进行样本分组后，研究行业竞争程度对高管薪酬与运气敏感性的影响程度。由回归结果看出，在高成长公司中，Luck·Comp 的系数为正，且在 5%的水平上显著，并且 Luck 的回归系数为 0.030，在 10%的水平上显著，Comp 的系数为 0.174，在 1%的水平上显著；而在低成长公司中，Luck、Luck·Comp 及 Comp 的系数虽然为正，但是并不显著。由此可以看出，行业竞争对高管薪酬与运气敏感性起到强化的作用。与假说 H5 的预期相一致。因此，对

处于高竞争行业的高成长公司来说，公司面临来自各方面的竞争压力，投资策略的正确选择对公司的发展至关重要。此时更需要高管根据运气来选择公司的资产配置战略，对公司而言就需要实行高管薪酬对运气敏感性更高的激励政策，只有这样才能更好地激励高管主动识别运气类型，并选择与之相匹配的投资策略。

表 4-6　公司成长性、行业竞争对运气薪酬的交互影响

解释变量	被解释变量：lnCompen	
	高成长公司	低成长公司
Luck	0.030* (1.80)	0.007 (0.63)
Skill	0.014*** (3.93)	0.011*** (5.28)
Luck·Comp	0.019** (2.08)	0.011 (1.63)
Skill·Comp	0.012*** (2.88)	0.010*** (4.44)
Comp	0.174*** (2.64)	0.063 (1.46)
State	−0.047* (−1.85)	−0.056*** (−3.80)
Size	0.238*** (13.27)	0.223*** (9.94)
Lev	−0.201*** (−3.51)	−0.004 (−0.38)
Msize	0.026*** (5.99)	0.032*** (5.54)
Shares	0.050** (2.19)	0.119*** (8.83)
Dual	0.035*** (2.57)	0.042*** (2.73)
Constant	1.882*** (9.30)	1.579*** (13.70)
年份	控制	
行业	控制	
观测值	3786	8841
F 统计量	40.74***	111.53***
Adj-R^2	0.2743	0.3104

注：括号内为 t 统计值

*、**、*** 分别表示在 10%、5%、1%的水平上显著

三、稳健性检验

为了使本书实证部分的结果更加稳健，本章做了以下处理。

1. 替代高管薪酬的度量指标

对于高管薪酬的衡量指标，针对不同的研究，国内外学者选用的标准有所不同。高管的年度薪酬总额会因为高管规模的不同产生较大的差距，因此采取高管年薪总额作为高管薪酬的衡量指标不可行。本章借鉴黎文靖和胡玉明（2012）、唐松和孙铮（2014）的做法，采用“排名前三的高管薪酬总额”作为高管薪酬的替代变量进行稳健性检验。对假说 H3、假说 H4、假说 H5 重新进行回归，回归结果见表 4-7 和表 4-8。

表 4-7　以“排名前三的高管薪酬总额”衡量高管薪酬——分组回归的结果

解释变量	被解释变量：lnCompen			
	高成长公司	低成长公司	高竞争公司	低竞争公司
Luck	0.074***	0.019	0.056***	−0.007
	（4.21）	（1.54）	（3.74）	（−0.41）
Skill	0.032***	0.029***	0.035***	0.018***
	（11.29）	（7.35）	（11.07）	（6.55）
State	−0.254***	−0.249***	−0.222***	−0.308***
	（−8.18）	（−13.21）	（−11.88）	（−10.11）
Size	0.261***	0.251***	0.028***	0.239***
	（20.77）	（21.80）	（22.82）	（20.18）
Lev	−0.087	−0.164***	−0.194***	−0.085
	（−1.14）	（−3.57）	（−4.18）	（−1.17）
Msize	0.022***	0.029***	0.028***	0.027***
	（4.26）	（4.21）	（7.97）	（5.02）
Shares	0.078***	0.179***	0.109***	0.238***
	（2.85）	（7.08）	（6.35）	（8.54）
Dual	0.018	0.024	0.023	0.026
	（0.71）	（1.24）	（1.30）	（0.88）
Constant	1.331***	1.577***	1.074***	1.646***
	（5.65）	（9.64）	（6.17）	（9.62）

续表

解释变量	被解释变量：lnCompen			
	高成长公司	低成长公司	高竞争公司	低竞争公司
年份	控制			
行业	控制			
观测值	3738	8670	8432	3976
F统计量	38.69***	95.65***	124.72***	51.85***
Adj-R^2	0.2497	0.2649	0.2762	0.2423

注：括号内为t统计值

***表示在1%的水平上显著

表4-8　以“排名前三的高管薪酬总额”衡量高管薪酬——加入交互项的回归结果

解释变量	被解释变量：lnCompen	
	高成长公司	低成长公司
Luck	0.047**	0.001
	(2.34)	(0.08)
Skill	0.026***	0.016***
	(5.56)	(5.47)
Luck·Comp	0.022*	0.019
	(1.77)	(1.42)
Skill·Comp	0.008	0.019***
	(1.44)	(5.79)
Comp	0.132*	0.011
	(1.70)	(0.19)
State	−0.253***	−0.246***
	(−8.16)	(−13.02)
Size	0.260***	0.251***
	(20.76)	(21.81)
Lev	−0.085	−0.161***
	(−1.12)	(−3.50)
Msize	0.022***	0.029***
	(4.27)	(8.17)
Shares	0.077***	0.176***
	(2.84)	(9.92)

续表

解释变量	被解释变量：lnCompen	
	高成长公司	低成长公司
Dual	0.019 （0.74）	0.023 （1.19）
Constant	1.467*** （6.07）	1.669*** （10.01）
年份	控制	
行业	控制	
观测值	3738	8670
F 统计量	36.21***	89.02***
Adj-R^2	0.2533	0.2677

注：括号内为 *t* 统计值

*、**、***分别表示在 10%、5%、1%的水平上显著

表 4-7 报告了假说 H3、假说 H4 的回归结果，从关键解释变量的系数来看，高成长公司 Luck 的系数为 0.074，在 1%的水平上显著，而低成长公司 Luck 的系数为 0.019，但是不显著，因此，与低成长公司相比，高成长公司的薪酬运气敏感性更高，结果与假说 H3 的回归结果一致，原回归结果具有稳健性。同样，高竞争公司中，Luck 的系数为 0.056，并且具有显著性，而低竞争公司 Luck 的回归系数并不具有显著性，与假说 H4 的回归结果一致，假说 H4 的回归同样具有稳健性。

表 4-8 报告了针对假说 H5 替代高管薪酬后的回归结果，由表 4-8 的结果可以看出，本书将公司成长性进行样本划分，同时取行业竞争与运气的交乘项，回归结果显示，在高成长性公司中，Luck·Comp 的系数为 0.022，在 10%的水平上显著，与原回归结果基本一致，因此，对假说 H5 的回归结果也通过了稳健性检验。

2. 用剔除非经常性损益后的净利润/总资产作为业绩指标的替代变量

《中央企业负责人经营业绩考核暂行办法》（2012 年 12 月 26 日国务院国资委第 125 次主任办公室审议通过）规定，高管年经营业绩考核标准中的利润总额是指经核定的公司合并报表的利润总额，应当扣除通过变卖公司主业优质资产等取得的非经常性收益。因此，公司的非经常性损益影响公司的业

绩考核，针对业绩指标的衡量，本书借鉴邓晓岚等（2015）的做法，对业绩指标进行变量的替代，并对原模型重新进行回归，作为稳健性检验。回归结果见表 4-9 和表 4-10。

表 4-9　以剔除非经常性损益的净利润/总资产衡量业绩——分组回归的结果

解释变量	被解释变量：lnCompen			
	高成长公司	低成长公司	高竞争公司	低竞争公司
Luck	0.071***	0.007	0.040**	0.028
	（3.39）	（0.44）	（2.33）	（1.33）
Skill	0.029***	0.023***	0.029***	0.014***
	（11.70）	（4.88）	（9.63）	（5.83）
State	−0.022***	−0.051***	−0.025**	−0.086***
	（−3.84）	（−3.16）	（−2.05）	（−3.19）
Size	0.223***	0.204***	0.218***	0.200***
	（21.25）	（19.51）	（21.83）	（19.46）
Lev	−0.082	−0.058	−0.058	−0.076
	（−1.25）	（−1.39）	（−1.44）	（−1.13）
Msize	0.025***	0.029***	0.031***	0.021***
	（5.77）	（5.29）	（10.61）	（4.35）
Shares	0.041***	0.108***	0.042***	0.195***
	（3.77）	（7.06）	（2.92）	（3.85）
Dual	0.032	0.0003	0.017	0.016
	（1.49）	（0.02）	（1.14）	（0.61）
Constant	1.666***	1.816***	2.177***	2.053***
	（8.05）	（7.36）	（10.76）	（9.84）
年份	控制			
行业	控制			
观测值	3786	8841	8432	4069
F 统计量	44.28***	101.83***	124.72***	55.66***
Adj-R^2	0.2740	0.2735	0.2762	0.2515

注：括号内为 *t* 统计值

、*分别表示 5%、1%的水平上显著

表 4-10 以剔除非经常性损益的净利润/总资产衡量业绩——加入交互项的回归结果

解释变量	被解释变量：lnCompen	
	高成长公司	低成长公司
Luck	0.042* (1.82)	0.012 (0.69)
Skill	0.019*** (4.81)	0.012*** (4.68)
Luck·Comp	0.049* (1.80)	0.015 (1.65)
Skill·Comp	0.013*** (2.79)	0.016*** (5.65)
Comp	0.208*** (2.76)	0.066 (1.48)
State	−0.020* (−1.86)	−0.047*** (−2.94)
Size	0.222*** (11.15)	0.205*** (9.77)
Lev	−0.076*** (−1.17)	−0.051 (−1.23)
Msize	0.025*** (5.73)	0.028*** (9.09)
Shares	0.040* (1.75)	0.105*** (6.91)
Dual	0.030 (1.39)	−0.002 (−0.15)
Constant	1.794*** (8.41)	1.563*** (7.86)
年份	控制	
行业	控制	
观测值	3786	8841
F 统计量	40.74***	96.01***
Adj-R^2	0.2743	0.3790

注：括号内为 *t* 统计值

*、***分别表示在 10%、1%的水平上显著

根据表 4-9 的稳健性检验结果，将全部样本划分为高成长公司与低成长公司之后，高成长公司的 Luck 系数为 0.071，在 1%的水平上显著。将全部样本划分为高竞争公司与低竞争公司之后，高竞争公司的 Luck 的系数为 0.040，在 5%的

水平上显著。因此，该回归结果与原模型回归结果基本一致，替换业绩指标之后的回归结果并不改变本章的结论。

根据表 4-10 的稳健性检验结果，按照公司成长性分组，并取行业竞争与高管运气业绩的交乘项后，回归结果发现，在高成长公司中，Luck·Comp 的系数为 0.049，且在 10%的水平上显著，而在低成长公司中，Luck·Comp 的系数不具有显著性。因此，回归结果没有实质性变化。

3. 替代公司成长性的衡量指标

针对公司成长性指标的衡量，借鉴胡亚权和周宏（2012）的做法，用公司的净资产增长率来衡量公司成长性，当公司净资产增长率高于当年行业净资产增长率中位数时，定义为高成长公司，否则定义为低成长公司。按照这种方法将样本划分为高成长公司与低成长公司，其他变量保持不变，对式（4-4）、式（4-5）重新进行回归，作为对公司成长性指标的稳健性检验。回归结果见表 4-11 和表 4-12。

表 4-11　以公司净资产增长率是否高于当年行业净资产增长率中位数衡量公司成长性——分组回归的结果

解释变量	被解释变量：lnCompen	
	高成长公司	低成长公司
Luck	0.027** （2.36）	0.015 （1.35）
Skill	0.020*** （12.00）	0.016*** （11.94）
State	−0.022 （−1.25）	−0.067*** （−3.76）
Size	0.244*** （24.43）	0.229*** （21.57）
Lev	−0.139*** （−3.18）	−0.316*** （−8.08）
Msize	0.029*** （8.81）	0.031*** （9.72）
Shares	0.094*** （5.70）	0.101*** （6.20）

续表

解释变量	被解释变量：lnCompen	
	高成长公司	低成长公司
Dual	0.046** (2.57)	0.027 (1.54)
Constant	1.359*** (9.90)	1.877*** (16.02)
年份	控制	
行业	控制	
观测值	6313	6314
F 统计量	87.31***	75.10***
Adj-R^2	0.3160	0.2792

注：括号内为 *t* 统计值

、*分别表示在 5%、1%的水平上显著

表 4-12　以公司净资产增长率是否高于当年行业净资产增长率中位数衡量公司成长性——加入交互项的回归结果

解释变量	被解释变量：lnCompen	
	高成长公司	低成长公司
Luck	0.014 (1.06)	0.012 (0.98)
Skill	0.011*** (4.11)	0.011*** (4.64)
Luck·Comp	0.019** (2.36)	0.008 (1.06)
Skill·Comp	0.013*** (4.07)	0.007** (2.49)
Comp	0.123** (2.36)	0.078 (1.62)
State	−0.021 (−1.15)	−0.068*** (−3.81)
Size	0.242*** (24.13)	0.229*** (21.60)
Lev	−0.136*** (−3.11)	−0.318*** (−8.14)

续表

解释变量	被解释变量：lnCompen	
	高成长公司	低成长公司
Msize	0.292***	0.032***
	(8.83)	(9.77)
Shares	0.092***	0.100***
	(5.56)	(6.16)
Dual	0.045**	0.028
	(2.55)	(1.59)
Constant	1.453***	1.899***
	(10.29)	(15.89)
年份	控制	
行业	控制	
观测值	6313	6314
F 统计量	82.59***	69.12***
Adj-R^2	0.3176	0.2798

注：括号内为 t 统计值

、*分别表示在 5%、1%的水平上显著

表 4-11 显示了按照净资产增长率将全部样本分为高成长公司与低成长公司，对式（4-4）进行实证检验的结果，从表 4-11 的结果看出，高成长公司中，Luck 的系数为 0.027，且在 5%的水平上显著，而低成长公司中，Luck 的系数为 0.015，但在统计上不显著，因此，高成长公司薪酬与运气的敏感性更高，该回归结果与假说 H3 的回归结果一致。

表 4-12 显示了按照净资产增长率将全部样本分为高成长公司与低成长公司，对式（4-5）进行实证检验的结果，从表 4-12 的结果看出，高成长公司组中，Luck·Comp 的系数为 0.019，且在 5%的水平上显著，而低成长公司组中，Luck·Comp 的系数为 0.008，且不具有统计显著性，该回归结果与假说 H5 的回归结果基本一致。因此，回归结果总体上没有改变本章的研究结论。

4. 替代行业竞争的衡量指标

针对行业竞争指标的衡量，借鉴林乐等（2013）的做法，采用行业内所有公

司的总资产计算 HHI，然后根据该指数是否高于当年所有行业该指数的中位数来区分行业竞争，低于中值的为高竞争公司，高于中值的为低竞争行业公司。按照这种方法衡量行业竞争，并保持其他变量不变，对式（4-4）、式（4-5）重新进行回归，作为本章对行业竞争衡量指标的稳健性检验。回归结果见表 4-13 和表 4-14。

表 4-13　以行业 HHI 是否高于当年所有行业 HHI 的中位数衡量行业竞争——分组回归的结果

解释变量	被解释变量：lnCompen	
	高竞争公司	低竞争公司
Luck	0.037**	0.013
	（2.27）	（1.29）
Skill	0.021***	0.013***
	（15.73）	（8.37）
State	−0.076***	−0.110
	（−4.67）	（−0.50）
Size	0.262***	0.210***
	（26.93）	（19.94）
Lev	−0.267***	−0.254***
	（−6.75）	（−6.10）
Msize	0.031***	0.030***
	（10.14）	（8.73）
Shares	0.042***	0.173***
	（2.71）	（6.19）
Dual	0.020	0.060***
	（1.22）	（3.25）
Constant	1.385***	2.048***
	（12.35）	（15.80）
年份	控制	
行业	控制	
观测值	7671	4956

续表

解释变量	被解释变量：lnCompen	
	高竞争公司	低竞争公司
F 统计量	143.02***	91.11***
Adj-R^2	0.2987	0.3210

注：括号内为 t 统计值

、*分别表示在 5%、1%的水平上显著

表 4-14　以行业 HHI 是否高于当年所有行业 HHI 的中位数衡量行业竞争——加入交互项的回归结果

解释变量	被解释变量：lnCompen	
	高成长公司	低成长公司
Luck	0.039** （2.45）	0.007 （0.67）
Skill	0.021*** （6.36）	0.010*** （5.45）
Luck·Comp	0.013* （1.69）	0.010 （1.43）
Skill·Comp	0.011*** （2.86）	0.010*** （4.67）
Comp	0.127* （1.67）	0.087* （1.85）
State	−0.050* （−1.94）	−0.044*** （−3.04）
Size	0.238*** （22.96）	0.227*** （20.25）
Lev	−0.193*** （−3.11）	−0.257*** （−7.77）
Msize	0.026*** （5.98）	0.033*** （9.70）
Shares	0.049** （2.18）	0.107*** （7.90）
Dual	0.036 （1.61）	0.037** （2.40）

续表

解释变量	被解释变量：lnCompen	
	高成长公司	低成长公司
Constant	1.819*** （9.03）	1.520*** （13.33）
年份	控制	
行业	控制	
观测值	3786	8841
F 统计量	40.27***	114.05***
Adj-R^2	0.2720	0.3152

注：括号内为 t 统计值

*、**、***分别表示在 10%、5%、1%的水平上显著

表 4-13 显示了按照总资产计算的 HHI 将全部样本分为高竞争公司与低竞争公司，对式（4-4）进行实证检验的结果，从表 4-13 的结果可以看出，在高竞争公司中，Luck 的系数为 0.037，且在 5%的水平上显著，而在低竞争公司中，Luck 的系数为 0.013，但在统计上不显著，因此，处于高竞争公司高管薪酬与运气的敏感性更高，该回归结果与假说 H4 的回归结果一致。

表 4-14 显示了按照总资产计算的 HHI 将全部样本分为高竞争公司与低竞争公司，然后将行业竞争与运气业绩取交乘项，来研究公司成长性与行业竞争对薪酬运气敏感性的交互影响。从表 4-14 的结果看出，在高成长公司中，Luck·Comp 的系数为 0.013，且统计上具有显著性，而低成长性公司组中，Luck·Comp 的系数不具有统计显著性，该回归结果与假说 H5 的回归结果基本一致。因此可以证实，本章的研究结论具有稳健性。

第五节　本 章 小 结

本章选取 2010～2015 年作为研究期间，以我国沪深两市上市公司为样本，运用实证分析方法研究公司成长性、行业竞争对高管薪酬运气敏感性的影响，得到以下结论。

第一，高管薪酬与运气存在显著的相关关系，运气业绩会影响高管薪酬的支付，这说明我国上市公司普遍存在高管运气薪酬支付现象。并且高管运气业绩的

系数大于高管才能业绩的系数，说明高管因为运气获得的薪酬要高于凭借才能所获得的薪酬。另外，与非国有上市公司相对比，国有上市公司的高管运气薪酬更显著。

第二，在高成长性公司中，高管薪酬对运气的敏感性更高，这说明公司成长性越高，越需要高管把握投资机会实现增长。公司通过将高管薪酬与运气相关联，使高管更好地针对行业的业绩变化采取相应的资产配置策略。

第三，行业的竞争状况会影响高管薪酬与运气业绩之间的相关程度。行业竞争越激烈，就越需要高管对外部环境有较强的判断与应对能力。此时上市公司更倾向于通过将高管薪酬与运气业绩相关联，激励高管根据行业的变化灵活地选择战略。

第四，本章还研究了行业竞争对成长性不同的公司高管薪酬与运气敏感性的影响。实证结果显示，行业竞争越强，公司成长性对高管薪酬与运气的正相关性的影响越强。

第五章　环境不确定性、高管议价能力与运气薪酬

第一节　引　　言

由于薪酬结构日趋复杂，影响高管薪酬水平的因素逐渐多元化。高管的议价能力是其中之一，它主要指高管在薪酬上的谈判能力，体现了高管人力资本的价值和在经理人人才市场的竞争力。高管的受教育程度、管理才能、从业经验等都是影响其议价能力的重要因素。一般认为受教育程度高、所管理的公司往期业绩较好、行业经验丰富的高管对公司未来业绩增长的贡献较大，往往拥有较强的议价能力。这些议价能力强的高管，通常在社会资本或管理能力上更胜一筹，同时在劳动力市场上掌握更多、更优的选择权。为了留住这些高管，并且激励他们根据运气类型采取相匹配的战略，公司可能通过运气薪酬的方式对其支付较高的溢价或补偿。

然而，当环境的不确定性程度较高，决策的难度增大时，运气薪酬是否仍是一种有效的激励机制？一些学者认为，环境不确定条件下，业绩风险较大，更需要在社会资本或人力资本等方面具有优势的高管研判行业环境，及时、高效地调整公司战略。此时，对于议价能力强的高管，应加大激励强度（Umanath et al.，1993），而运气薪酬正是激励政策之一。然而，也有一些学者则认为，市场风险是难以控制的，特别是在环境不确定性较大的公司中，即使能力强的高管也未必能较准确地审时度势，此时若将薪酬与运气业绩关联，不仅外部条件不利于激励作用的发挥，还会使高管的收入暴露在较大的风险中。而使用相对业绩评价相当于设置了一份收入保险，对高管报酬的安全性做出了承诺（Garvey and Milbourn，2003；Oyer，2004）。国内关于环境不确定条件下薪酬激励的研究还较少，环境不确定性下薪酬的特征，以及高管议价能力对薪酬的影响还有待于检验。本章以 A 股上市公司为样本，研究发现议价能力较强的高管，其薪酬对运气业绩的敏感性较高，然而当环境不确定性较高时，议价能力的价值效应受到限制，公司更倾向将运气与高管薪酬隔离，使用相对业绩评价来降低薪酬议价中的交易成本。

本章其余部分结构如下：第二节是理论分析与研究假设，第三节是研究设计，第四节是实证结果与分析，第五节是本章小结。

第二节　理论分析与研究假说

一、高管议价能力对高管运气薪酬的影响

首先，从薪酬契约设计的角度来看，在经营管理水平、行业经验、社会关系等方面能力较强的高管在经理人市场上更具竞争优势，这使他们在进行薪酬谈判时拥有更强的话语权和讨价还价的能力（牛建波，2004；Kaplan et al.，2012；郭瑞隆，2012；颜科帆和熊紫彬，2017）。上市公司为了吸引和留住这些高管，往往愿意给出“能力溢价”，运气薪酬正是“能力溢价”的一种形式。此外，议价能力较强的高管依靠其专业能力和所掌握的资源，能够更好地识别运气和调整战略（Hambrick and Mason，1984），为了激励他们通过风险承担为企业增加价值，公司也会根据运气业绩设计薪酬。

其次，从劳动力市场的角度来看，在行业景气度高时，生产经营活动的活跃度上升，产品市场的繁荣带动了劳动力市场对经理人才需求的增加，也使高管的边际价值提高（Jung and Subramanian，2017；Marinovic and Povel，2017）。并且，由于劳动力市场需求的增加，管理人员会获得更多的外部就业机会，为了弥补他们的机会损失，需要给予额外的补偿（Houdek，2017）。尤其是议价能力较强的高管，在劳动力市场外部就业的机会更多，要吸引和留住议价能力强的高管就需要付出更多的成本，因此，其薪酬中运气补偿也就更明显。基于此，本节提出假说 H6。

假说 H6：议价能力较强的高管，其薪酬对运气业绩的敏感性较高。

二、环境不确定性对高管运气薪酬的影响

需求的变化、技术的变革，新政策的出台等都导致企业经营环境一直处于变化中。在不确定性的环境中，管理的复杂性增加，决策的难度加大，公司的经营风险与财务困境风险随之增加，同时减弱了股东对公司未来价值的信心（谢盛纹和田莉，2015；Ghosh and Olsen，2009）。为了应对环境不确定性，公司管理者需要从有限的市场信息中观测市场变动，调整公司战略，控制环境中的不利因素。有研究认为，在环境不确定性较大时，更需要采取灵活、柔性化的战略，因此在业绩评价与薪酬计划中会更多地考虑公司是否采取了适应外部环境的战略，例如，业绩评价体系中纳入非财务指标以及与竞争战略相关的指标（Schulz et al.，2010）。一些学者发现了不确定性环境下，公司会加大激励强度（Prendergast，2002）。例如，Umanath 等（1993）认为，公司通过提高薪资向员工传递环境不确定的信号，

但为了激励员工在不确定环境中争取更好的业绩，主要是以提高薪酬对业绩的敏感性的形式实现激励，而不是以提高基薪的形式实现激励。目前的研究还未检验不确定性环境下，薪酬对业绩中运气部分的敏感性。在薪酬制定中，如果公司将行业的运气作为薪酬支付的依据之一，其目的可能是激励高管更有效地应对行业环境变化。基于此，本节提出假说 H7a。

假说 H7a：较高的环境不确定性增加了高管薪酬对运气业绩的敏感性。

另一种观点则认为，在环境不确定性较高时，相对业绩评价的优势较明显（胡亚权和周宏，2012），高管更倾向于要求雇主以同行业其他公司的业绩为标杆，剔除公司业绩中受外部冲击的部分，降低业绩波动可能带来的收入风险（周宏和张巍，2010）。如果行业业绩波动较大，高管还会要求增加固定薪酬，降低薪酬激励强度（Jafri and Trabelsi，2014），以此避免收入的大幅变化。而从公司的角度来看，当市场不确定性提高时，如果员工已经知晓外部环境的情况，公司就会降低总薪酬，与员工共担损失。但为了避免员工跳槽，同时又会增加薪酬中基础或固定的部分（Umanath et al.，1993），这也会导致薪酬对运气业绩的敏感性降低。基于此，本节同时提出假说 H7b。

假说 H7b：较高的环境不确定性降低了高管薪酬对运气业绩的敏感性。

三、环境不确定性、高管议价能力对高管运气薪酬的影响

目前的研究发现，高产出、高效率的雇员在不确定性环境下，更可能获得业绩敏感性较高的薪酬方案。例如，Rothschild 和 Stiglitz（1976）认为高产出的雇员会产生更大的预期产出率，如果他们接受业绩薪酬契约，所承担相关风险的成本也较低，因此他们会自行选择与业绩相关联的薪酬契约。Oyer（2004）认为，当员工的辞职对公司来说成本较高，且事后薪酬调整也很昂贵时，不确定性与业绩薪酬将呈正相关关系。在不确定性较高的环境下，议价能力强的高管凭借经验和社会资源可以达到较高的决策准确性和经营效率，因此，提高运气业绩的敏感度对他们来说，承担的收入风险较少，而如果能根据运气灵活地安排战略，还可以给自己增加报酬。此外，议价能力强的高管在经理人市场上面临较多的选择，而这部分高管正是公司所需要吸引和挽留的。在环境不确定性程度较高时，重要高管的离职或缺位会给公司带来较高的成本，因此公司往往愿意在好运气时支付更优惠的薪酬作为补偿。基于此，本节提出假说 H8a。

假说 H8a：当环境不确定性较高时，高管议价能力使薪酬对运气业绩更敏感。

另一种观点则认为，在环境高度不确定的条件下，很难准确地预计环境变化可能带来的收益和损失。Johnson 等（2015）调查了环境不确定性和高管议价能力之间的关系，并以销售收入变异系数衡量环境的不确定性，以高管超额薪酬衡量高管议价能力所获得的薪酬，回归结果发现环境不确定性与高管超额薪酬之间呈

显著的负相关关系，表明在不稳定的经营环境下，高管的议价能力明显下降了。

当环境不确定性较高时，对未来市场的认知往往是模糊且有限的，此时若将高管的薪酬与行业运气联系起来，所面临的外部条件并不利于激励机制的有效发挥。由于环境复杂多变，战略决策的失败概率加大，即使具备较强的专业能力或丰富的社会资本，也未必能将其转化为企业的盈利能力，这使得议价能力强的高管在薪酬上讨价还价的优势被削弱。为了避免自己的薪酬出现较大的波动，高管可能会要求降低自身薪酬与环境相关的部分，并希望公司为薪酬的稳定性提供一定保障（Jafri and Trabelsi，2014），此时，高管议价能力对运气薪酬的作用就不那么明显了，而公司为了降低薪酬议价中的交易成本，也会倾向使用相对业绩评价。基于此，本节同时提出假说 H8b。

假说 H8b：当环境不确定性较高时，高管议价能力并不能使薪酬对运气业绩更敏感。

第三节　实证研究设计

一、模型设计

首先，检验高管薪酬中运气薪酬的存在性，建立以下回归模型：

$$\begin{aligned}\text{lnCompen} = {} & a_0 + a_1\text{Luck} + a_2\text{Skill} + a_3\text{State} + a_4\text{Size} + a_5\text{Lev} \\ & + a_6\text{Msize} + a_7\text{Shares} + a_8\text{Dual} + \sum\text{Year} + \sum\text{Industry} + \varepsilon\end{aligned} \tag{5-1}$$

其次，为了检验本章提出的假设，引入高管议价能力、环境不确定性变量与运气的交互项，回归模型如下：

$$\begin{aligned}\text{lnCompen} = {} & a_0 + a_1\text{Luck} + a_2\text{Skill} + a_3\text{Luck}\cdot\text{Ebp} + a_4\text{Skill}\cdot\text{Ebp} + a_5\text{Ebp} + a_6\text{State} \\ & + a_7\text{Size} + a_8\text{Lev} + a_9\text{Msize} + a_{10}\text{Shares} + a_{11}\text{Dual} + \sum\text{Year} + \sum\text{Industry} + \varepsilon\end{aligned} \tag{5-2}$$

$$\begin{aligned}\text{lnCompen} = {} & a_0 + a_1\text{Luck} + a_2\text{Skill} + a_3\text{Luck}\cdot\text{Eu} + a_4\text{Skill}\cdot\text{Eu} + a_5\text{Eu} + a_6\text{State} \\ & + a_7\text{Size} + a_8\text{Lev} + a_9\text{Msize} + a_{10}\text{Shares} + a_{11}\text{Dual} + \sum\text{Year} + \sum\text{Industry} + \varepsilon\end{aligned} \tag{5-3}$$

二、变量设计

1. 高管薪酬

本章实证分析中的被解释变量为高管薪酬，其衡量方法与第四章中的相同，即计算 A 股上市公司前三名高管薪酬总额，并取这一数值的自然对数作为公司高管薪酬的替代变量。

2. 运气业绩

本章选择总资产收益率指标衡量企业的业绩水平，将剔除企业自身业绩水平后的行业平均资产收益率，作为衡量高管运气的指标。首先，估算公司业绩中的运气业绩的部分，然后根据高管薪酬对运气业绩的敏感性，估计高管薪酬与运气的关系（Bertrand and Mullainathan，2001；Garvey and Milbourn，2006）。

$$\text{Perfm}_{it} = \beta\text{Sect\_perfm}_t + \mu_t\text{Year} + \varepsilon_{it} \tag{5-4}$$

$$\text{Luck}_{it} = \hat{\beta}\text{Sect\_perfm}_t + \hat{\mu}_t\text{Year} \tag{5-5}$$

$$\text{Skill}_{et} = \text{Perfm}_{et} - \text{Luck}_{et} \tag{5-6}$$

式中，Perfm_{it} 为公司 i 的业绩水平，以 t 年公司的总资产收益率作为替代变量；Sect_perfm_t 为除本公司外，行业内各个公司根据总资产加权平均数计算的行业平均业绩。行业业绩的变化是各环境因素综合作用的结果，剔除本公司业绩后的行业业绩变化，视为超出公司控制范围的运气。另外，选取年份 Year 作为虚拟变量，控制 t 年整体宏观经济形势对行业的影响。由式（5-4）进行线性回归后，将相关系数代入式（5-5）计算出 Luck，表示 t 年公司 i 的运气业绩。式（5-6）计算剔除行业影响后公司 i 的业绩水平，Skill 为由管理者才能带来的经营业绩。

3. 高管议价能力

高管议价能力衡量的是高管在制定薪酬过程中与董事会讨价还价的能力。一些学者将高管的特质划分为高管任期、年龄、学历、行业经验等方面，从定量的层面考虑高管能力；也有一些学者将高管议价能力定性地划分为组织能力、专家能力、社交能力、团队决策能力、声誉等方面。

本章从高管任期、年龄、学历、以往业绩表现四个变量综合考虑高管议价能力（Combs and Skill，2003；缪毅和胡奕明，2014；Banker et al.，2013），以往业绩表现以 t–1 年企业的总资产收益率表示。利用主成分分析法，计算每个主成分的得分再进行加权平均，由式（5-7）得出高管议价能力的得分，其中 λ_1、λ_2 和 λ_3 为权数，表示特征值方差占累计方差的比重。这种方法较为全面地度量了高管的议价能力，同时也避免了引入公司治理等因素来度量高管议价能力所造成的内生性问题。

$$\text{Ebp} = \lambda_1 F_1 + \lambda_2 F_2 + \lambda_3 F_3 \tag{5-7}$$

4. 环境不确定性

本章以每个公司过去五年的销售收入作为因变量，采用普通最小二乘法运行式（5-8），分别估计过去五年的非正常销售收入（申慧慧，2010）：

$$\text{Sale} = \phi_0 + \phi_1 \text{Year} + \varepsilon \tag{5-8}$$

式中，Sale 为销售收入；Year 为年度虚拟变量；ε 为残差，即为非正常销售收入；ϕ_0 为截距，ϕ_1 为 Year 的系数。计算公司过去五年非正常销售收入的标准差，再除以过去五年销售收入的平均值，从而得到未经行业调整的环境不确定性；同一年度同一行业内所有公司的未经行业调整的环境不确定性的中位数，即为行业环境不确定性（IEU），采用各公司未经行业调整的环境不确定性除以行业环境不确定性，即公司经行业调整后的环境不确定性（Ghosh and Olsen，2009），也就是本章所运用的环境不确定性（EU）。

5. 控制变量

本章在检验模型中控制了实际控制人性质、公司规模、高管规模、高管是否持股、财务杠杆、CEO 与董事长是否两职合一以及行业虚拟变量、年份虚拟变量（表 5-1）。

表 5-1 高管议价能力、环境不确定性与运气薪酬实证分析的变量名称与定义

变量类型	变量符号	变量名称	变量描述
被解释变量	Compen	高管薪酬/万元	第 t 年前三名高管的货币薪酬总额
解释变量	Luck	运气业绩	根据式（5-5）计算出来行业平均业绩变化，即由运气产生的业绩
	Skill	高管才能业绩	根据式（5-6）计算出来剔除行业影响的业绩
	Ebp	高管议价能力	对高管任期、年龄、学历、以往业绩表现进行主成分分析处理，根据式（5-7）计算因子得分
	Eu	环境不确定性	根据式（5-8）计算出来的公司非正常销售收入，由剔除行业影响的数值表示
控制变量	State	实际控制人性质	实际控制人为国家时为 1，否则为 0
	Size	公司规模	第 t 年末公司总资产的自然对数
	Msize	高管规模	第 t 年公司高管的人数
	Shares	高管是否持股	第 t 年高管是否持股，持股取 1，否则取 0
	Lev	财务杠杆	第 t 年末公司总负债/总资产
	Dual	CEO 与董事长是否两职合一	若第 t 年 CEO 兼任董事长取值为 1，否则为 0
	Industry	行业	行业虚拟变量
	Year	年份	年份虚拟变量

三、数据来源

本章以2012~2016年我国沪深A股上市公司为研究对象。在数据筛选过程中，剔除了：①金融行业上市公司、ST股以及*ST股；②高管薪酬变量缺失的样本公司；③销售收入数据不足五年的样本公司；④其他变量缺失的样本公司。对变量进行缩尾处理，消除了极端值的影响，最终得到12 352个上市公司高管薪酬的样本。本章用于实证研究的数据主要来自CSMAR数据库、Resset数据库。数据处理应用Stata 14.0软件完成。

第四节　实证结果与分析

一、描述性统计

表5-2给出样本的描述性统计，可以看出，高管薪酬最大值为972.01万元，而最小值仅为28.21万元，高管之间薪酬支付差异较大。环境不确定性的最大值高达30.1822，最小值为0.0442，样本标准差为3.7043，说明样本中存在极端值的影响。高管才能业绩的水平差异也较明显，最大值达13.7582，最小值为–20.2020，标准差为5.6349。运气业绩差异较不明显，标准差为1.4898。高管议价能力最大值为18.6577，最小值为9.2697，标准差达1.9092。各个公司规模不同，高管职位设置不同，高管团队规模存在较大差异，而其他变量的样本未发现明显的差异。另外，样本中公司规模均值为22.0157，实际控制人性质均值达38.98%。高管规模均值为6.4391。高管参与控股的企业占比均值为66.1%。CEO与董事长两职合一的比例均值为27.53%。

表5-2　高管议价能力、环境不确定性与运气薪酬实证分析的变量描述性统计

变量	变量符号	样本数	最小值	最大值	均值	中位数	标准差
高管薪酬	Compen	12 352	28.210 0	972.010 0	187.091 3	144.230 0	154.065 7
运气业绩	Luck	12 352	–0.110 1	8.186 8	3.478 1	3.249 0	1.489 8
高管才能业绩	Skill	12 352	–20.202 0	13.758 2	–0.431 0	–0.190 8	5.634 9
高管议价能力	Ebp	12 352	9.269 7	18.657 7	13.950 0	13.909 8	1.909 2
环境不确定性	Eu	12 352	0.044 2	30.182 2	1.474 7	0.490 9	3.704 3
实际控制人性质	State	12 352	0	1	0.389 8	0	0.487 7
公司规模	Size	12 352	19.451 7	25.846 3	22.015 7	21.860 0	1.281 8

续表

变量	变量符号	样本数	最小值	最大值	均值	中位数	标准差
财务杠杆	Lev	12 352	0.050 8	0.963 9	0.441 1	0.428 4	0.219 7
高管规模	Msize	12 352	2	14	6.439 1	6	2.320 9
高管是否持股	Shares	12 352	0	1	0.661 0	1	0.473 4
CEO 与董事长是否两职合一	Dual	12 352	0	1	0.275 3	0	0.446 7

二、实证结果分析

1. 高管运气薪酬的存在性

表 5-3 检验了高管运气薪酬的存在性。由回归结果可以看出，高管薪酬与运气业绩的回归系数为 0.0282，并且在 1%的水平上显著正相关，该结果表明，高管薪酬明显受到运气业绩的影响，其薪酬中含有运气成分。高管薪酬中存在不可控的市场因素的影响，在行业利润增长时，高管薪酬顺势增长，此时高管凭借好运气获得更多薪酬。Luck·State 的系数显著为正，说明国有公司中高管运气薪酬现象更为明显。从回归结果中还可以明显看出，Luck 的系数大于 Skill 的系数，说明高管薪酬受到运气业绩的影响大于由管理者才能带来的影响。

我们按照实际控制人性质将样本划分为国有上市公司和非国有上市公司。可以发现，在国有上市公司中，Luck 的系数为 0.0410，而非国有上市公司中，Luck 的系数略低，为 0.0349，二者均在 1%水平上显著。此外，高管薪酬与高管规模、高管是否持股以及 CEO 与董事长是否两职合一皆呈显著正相关关系，并与财务杠杆呈显著负相关关系。

表 5-3　运气薪酬存在性的分析

解释变量	被解释变量：lnCompen		
	全样本	国有上市公司	非国有上市公司
Luck	0.0282*** （3.0394）	0.0410*** （3.4880）	0.0349*** （2.8915）
Skill	0.0217*** （16.7240）	0.0271*** （15.6123）	0.0221*** （15.6034）
Luck · State	0.0245*** （3.2648）		

续表

解释变量	被解释变量：lnCompen		
	全样本	国有上市公司	非国有上市公司
Skill · State	0.0082*** （4.2517）		
State	−0.0143 （−1.0987）		
Size	0.2435*** （47.5876）	0.2043*** （30.5819）	0.2876*** （37.7365）
Lev	−0.1448*** （−4.7506）	−0.3062*** （−6.6353）	−0.1112*** （−2.7747）
Msize	0.0315*** (13.8170)	0.0340*** (10.1801)	0.0291*** (9.5990)
Shares	0.0898*** (7.6396)	0.1548*** (10.0664)	0.0311* (1.8018)
Dual	0.0255** （2.1421）	0.0424* （1.8268）	0.0425*** （3.0180）
Constant	8.7167*** （46.5758）	9.3484*** （28.4176）	7.7419*** （17.6231）
年份	控制		
行业	控制		
观测值	8380	3972	4408
F 统计量	75.5898***	51.8589***	39.0515***
Adj-R^2	0.359	0.426	0.337

注：括号内为 t 统计值

*、**、***分别表示在 10%、5%、1%的水平上显著

2. 高管议价能力与运气薪酬的关系

表 5-4 检验了我国上市公司高管议价能力与运气薪酬的关系。在全样本的回归中，Luck·Ebp 系数为 0.0167，且在 5%的水平上显著正相关，说明高管议价能力明显提升了高管薪酬对运气业绩的敏感性，这与假说 H6 相一致。另外，我们根据 Ebp 的中位数将样本分为两组，检验高管议价能力高低对高管运气薪酬的影响。研究发现，议价能力较强的高管，其 Luck 系数为 0.0484，且在 1%的水平上显著相关；而在议价能力较弱的一组中，系数为 0.0266，显著水平相对较低，这表明议价能力强的高管，其薪酬受运气的影响较明显。这可能是因为议价能力强

的高管具备更强的专业才能和社会资源，能够更好地识别市场风险，抓住市场潜在的机会为公司创造价值，而雇主方为了激励、吸引以及留住议价能力强的高管，也更倾向根据运气业绩匹配相应的薪酬。

表 5-4　高管议价能力对运气薪酬的影响

解释变量	被解释变量：lnCompen		
	全样本	高议价能力	低议价能力
Luck	0.0224* (1.7487)	0.0484*** (2.7162)	0.0266* (1.8268)
Skill	0.0220*** (12.4743)	0.0207*** (10.8712)	0.0313*** (14.5785)
Luck · Ebp	0.0167** (2.0245)		
Skill · Ebp	0.0078*** (3.3266)		
Ebp	0.0125*** (5.5071)		
State	−0.0347** (−2.3459)	−0.0427** (−2.0579)	−0.0394* (−1.8657)
Size	0.2315*** (36.3171)	0.2091*** (22.4251)	0.2530*** (28.1517)
Lev	−0.1457*** (−3.8497)	−0.2428*** (−4.8630)	−0.0316 (−0.5396)
Msize	0.0335*** (12.4145)	0.0294*** (7.3505)	0.0377*** (10.2549)
Shares	0.1003*** (7.2378)	0.0948*** (4.8780)	0.1095*** (5.5031)
Dual	0.0131 (0.8302)	−0.0034 (−0.1374)	0.0203 (0.9890)
Constant	8.7755*** (34.1949)	8.7859*** (22.9966)	8.6091*** (25.6436)
年份	控制		
行业	控制		
观测量	8380	4190	4190
F 统计量	74.8095***	34.6217***	45.1369***
Adj-R^2	0.361	0.329	0.391

注：括号内为 t 统计值

*、**、***分别表示在 10%、5%、1%的水平上显著

另外，在全样本的回归结果中 Luck·Ebp 的系数高于 Skill·Ebp 的系数，说明高管议价能力对于高管运气薪酬的影响高于对高管才能业绩的影响。从最优契约理论的观点来看，为了更好地激励高管识别运气类型，将高管薪酬与运气相挂钩，而议价能力强的高管对运气更敏锐，其薪酬中运气成分也更高。回归中控制了变量实际控制人性质（State）、公司规模（Size）、高管规模（Msize）、财务杠杆（Lev）、CEO 与董事长是否两职合一（Dual）以及高管是否持股（Shares），除 CEO 与董事长是否两职合一（Dual）外，其余各个变量与高管薪酬均呈显著的相关关系。

3. 环境不确定性与运气薪酬的关系

表 5-5 检验了环境不确定性与运气薪酬的相关性。对全样本进行回归发现，Luck·Eu 的系数为–0.0528，Skill·Eu 的系数为–0.0168，二者均呈显著的负相关关系，说明在相同情况下，行业环境不确定性对运气业绩的影响大于对管理者才能带来的业绩的影响。Luck·Eu 的系数为负意味着在行业环境不确定的条件下，高管缺乏足够的信息来判断公司所面临的风险和挑战，难以准确预测行业的发展方向，为了减少收入的风险，高管更倾向于要求雇主降低薪酬对运气的敏感性，这一结果支持了本章提出的假说 H7b。

表 5-5　环境不确定性对运气薪酬的影响

解释变量	被解释变量：lnCompen		
	全样本	高环境不确定性	低环境不确定性
Luck	0.0537*** (4.3430)	0.0167* (1.8030)	0.0417*** (2.7310)
Skill	0.0335*** (16.5573)	0.0152*** (8.3995)	0.0347*** (14.7066)
Luck·Eu	–0.0528*** (–6.1477)		
Skill·Eu	–0.0168*** (–7.0068)		
Eu	0.0499 (1.4740)		
State	–0.0319** (–2.1721)	–0.0390* (–1.8711)	–0.0285 (–1.3704)
Size	0.2151*** (30.5643)	0.2146*** (21.1596)	0.2231*** (21.6570)

续表

解释变量	被解释变量：lnCompen		
	全样本	高环境不确定性	低环境不确定性
Lev	−0.1865*** (−4.9294)	−0.1831*** (−3.9313)	−0.1760*** (−2.6721)
Msize	0.0326*** (12.1417)	0.0245*** (5.7733)	0.0376*** (10.8206)
Shares	0.1072*** (7.7973)	0.0941*** (4.8820)	0.1192*** (6.0761)
Dual	0.0392** (2.5549)	0.0237 (1.1667)	0.0662*** (2.8493)
Constant	9.3853*** (35.2459)	8.9616*** (23.2262)	9.0160*** (25.2448)
年份	控制		
行业	控制		
观测量	8380	4190	4190
F 统计量	77.2058***	28.0341***	36.2014***
Adj-R^2	0.368	0.279	0.339

注：括号内为 *t* 统计值

*、**、***分别表示在 10%、5%、1%的水平上显著

另外，我们以变量 Eu 是否大于 1 作为标准进行分组，检验环境不确定性的高低水平对高管运气薪酬的影响。在环境不确定性较高的样本中，Luck 的系数为 0.0167，显著性较低，而在环境不确定性较低的样本中，Luck 的系数为 0.0417，且在 1%水平上显著，这一结果也与假说 H7b 一致。

4. 高管议价能力、环境不确定性对运气薪酬的交互影响

表 5-6 给出了在不同的环境不确定性条件下，高管议价能力与高管运气薪酬的关系。回归引入 Luck·Ebp 的交互项，将环境不确定性按照中位数进行高低分组，研究高管议价能力、环境不确定性与高管运气薪酬的交互影响。

表 5-6 高管议价能力、环境不确定性对运气薪酬的影响

解释变量	被解释变量：lnCompen	
	高环境不确定性	低环境不确定性
Luck	0.0171* (1.8221)	0.0287*** (3.7658)

续表

解释变量	被解释变量：lnCompen	
	高环境不确定性	低环境不确定性
Skill	0.0126*** (5.7773)	0.0331*** (10.9515)
Luck · Ebp	0.0011 (0.0873)	0.0185*** (3.1637)
Skill · Ebp	0.0067** (2.1401)	0.0031 (0.8561)
Ebp	0.0436** (2.3885)	0.0724*** (3.8542)
State	−0.0417** (−2.0029)	−0.0331 (−1.5897)
Size	0.2133*** (20.9998)	0.2153*** (20.5667)
Lev	−0.1759*** (−3.7696)	−0.1563** (−2.3723)
Msize	0.0244*** (5.7492)	0.0374*** (10.7818)
Shares	0.0907*** (4.6975)	0.1162*** (5.9239)
Dual	0.0157 (0.7582)	0.0417* (1.7509)
Constant	9.3932*** (24.2621)	9.1511*** (25.5782)
Year	控制	
Industry	控制	
观测量	4190	4190
F 统计量	26.8751***	34.9693***
Adj-R^2	0.280	0.342

注：括号内为 *t* 统计值

*、**、***分别表示在 10%、5%、1%的水平上显著

在环境不确定性较高的样本中，Luck·Ebp 的系数不显著；而环境不确定性较低的样本中，Luck·Ebp 的系数显著为正，说明当环境不确定性较高时，高管议价能力对运气薪酬的作用不明显，这一结果与假说 H8b 一致。这可能是因为环境不确定性加大了公司未来收入的不确定性，使高管议价能力的效用降低，同时也引起高管对薪酬大幅度波动的担忧，希望能降低薪酬中与行业环境关联的部分，这两者都导致了高管薪酬中运气成分减少。但是在环境不确定性较低时，有能力的

高管还是可以捕捉到市场的变化，相应地调整企业战略，从而避免环境不确定性对企业造成更大的损失。因此，在环境不确定性较低的样本中，Luck·Ebp 的系数显著为正。同时，两组样本中，Luck 和 Luck·Ebp 的系数及其显著性也支持了假说 H8b。

三、稳健性检验

本章做了以下稳健性检验。

1. 替代高管薪酬的变量研究

为了检验高管薪酬变量稳健性，本章借鉴吴育辉和吴世农（2010）、叶建木和谢利萍（2017）的研究，选取“排名前三的高管薪酬总额”作为高管薪酬的替代变量，对假说 H6、假说 H7a、假说 H7b、假说 H8a、假说 H8b 重新进行回归。回归结果见表 5-7～表 5-9。

表 5-7　以“排名前三的高管薪酬总额”作为高管薪酬的替代变量——高管议价能力对运气薪酬的影响

解释变量	被解释变量：lnCompen		
	全部样本	高议价能力	低议价能力
Luck	−0.051 9*** (−3.06)	0.046 7*** (3.78)	0.028 1 (1.53)
Skill	−0.002 1 (−0.23)	0.024 9*** (14.18)	0.022 7*** (11.51)
Luck·Ebp	0.005 9*** (6.75)		
Skill·Ebp	0.002 0*** (3.16)		
State	−0.251 7*** (−16.13)	−0.230 3*** (−11.21)	−0.289 7*** (−12.64)
Size	0.260 2*** (40.29)	0.279 8*** (34.93)	0.279 8*** (34.93)
Lev	−0.176 2*** (−4.65)	−0.178 6*** (−3.62)	−0.258 2*** (−4.86)
Msize	0.022 9*** (8.38)	0.022 3*** (6.20)	0.027 8*** (6.82)
Shares	0.139 1*** (9.75)	0.151 9*** (8.02)	0.140 2*** (6.77)
Dual	−0.052 1*** (−3.53)	−0.029 9* (−1.66)	−0.043 7* (−1.86)

续表

解释变量	被解释变量：lnCompen		
	全部样本	高议价能力	低议价能力
Constant	8.152 4*** （33.97）	7.905 2*** （21.79）	8.203 1*** （24.27）
年份	控制		
行业	控制		
观测值	12 165	6 521	5 644
F 统计量	71.29***	47.90***	33.18***
Adj-R^2	0.282 0	0.315 2	0.258 1

注：括号内为 t 统计值

*、***分别表示在 10%、1%的水平上显著

表 5-8　以“排名前三的高管薪酬总额”作为高管薪酬的替代变量——环境不确定性对运气薪酬的影响

解释变量	被解释变量：lnCompen		
	全部样本	高环境不确定性	低环境不确定性
Luck	0.054 7*** （4.26）	0.033 7*** （3.86）	0.041 9*** （4.08）
Skill	0.031 1*** （15.82）	0.022 9*** （18.16）	0.024 3*** （18.59）
Luck·Eu	−0.005 6*** （−7.55）		
Skill·Eu	−0.004 3*** （−6.46）		
State	−0.276 4*** （−15.78）	−0.251 5*** （−16.50）	−0.250 2*** （−16.43）
Size	0.237 3*** （30.12）	0.267 5*** （43.87）	0.267 2*** （43.86）
Lev	−0.173 6*** （−3.91）	−0.232 0*** （−6.45）	−0.224 8*** （−6.25）
Msize	0.027 2*** （8.53）	0.024 2*** （9.01）	0.024 3*** （9.03）
Shares	0.161 3*** （9.85）	0.150 2*** （10.79）	0.149 9*** （10.78）
Dual	−0.013 4 （−0.75）	−0.027 5** （−1.96）	−0.027 8** （−1.98）
Constant	8.525 4*** （24.65）	7.905 2*** （21.79）	7.960 0*** （33.93）
年份	控制		

续表

解释变量	被解释变量：lnCompen		
	全部样本	高环境不确定性	低环境不确定性
行业	控制		
观测值	12 165	6 153	6 012
F 统计量	56.01***	76.02***	76.36***
Adj-R^2	0.293 0	0.283 0	0.283 9

注：括号内为 *t* 统计值

、*分别表示在 5%、1%的水平上显著

表 5-9　以“排名前三的高管薪酬总额”作为高管薪酬的替代变量——高管议价能力、环境不确定性对运气薪酬的影响

解释变量	被解释变量：lnCompen	
	高环境不确定性	低环境不确定性
Luck	0.0208 (−0.94)	−0.0324* (−1.69)
Skill	0.0375*** (6.73)	0.0266** (2.46)
Luck·Ebp	0.0030*** (3.75)	0.0048*** (4.54)
Skill·Ebp	0.0003 (1.10)	0.0001 (0.18)
State	−0.2322*** (−11.72)	−0.2390*** (−12.03)
Size	0.2621*** (31.45)	0.2585*** (30.84)
Lev	−0.1131** (−2.17)	−0.1432*** (−2.75)
Msize	0.0209*** (6.60)	0.0207*** (6.52)
Shares	0.1231*** (6.85)	0.1243*** (6.90)
Dual	−0.0485*** (−2.73)	−0.0538*** (−2.99)
Constant	8.0337*** (27.65)	8.2539*** (29.12)
年份	控制	
行业	控制	
观测值	6153	6012
F 统计量	45.76***	44.94***
Adj-R^2	0.2811	0.2774

注：括号内为 *t* 统计值

*、**、***分别表示在 10%、5%、1%的水平上显著

表 5-7 给出了在替代变量下，高管议价能力对高管运气薪酬影响的回归结果。在全部样本回归下，Luck·Ebp 的系数为 0.0059，且在 1%水平上显著，说明高管议价能力显著增强了高管薪酬与运气的敏感性。另外，对高管议价能力进行分组回归发现，高议价能力的高管其 Luck 系数为 0.0467，而低议价能力的高管其 Luck 系数仅为 0.0281，并且不显著，说明高议价能力的高管其薪酬对运气的敏感性更强，这与假说 H6 的结论一致，表明这一回归具有稳健性。

表 5-8 给出了环境不确定性对高管运气薪酬影响的回归结果。同样地，本书发现全部样本中，Luck·Eu 的系数为–0.0056，且在 1%水平上显著，说明环境不确定性明显降低了高管薪酬对运气的敏感性，这与假说 H7b 的结论一致，回归结果没有实质变化。另外，对环境不确定性进行高低分组后发现，高环境不确定性的情况下，Luck 的系数为 0.0337，而低环境不确定性的情况下，Luck 的系数为 0.0419，说明环境不确定性越高，运气成分越低，这也与原回归的结果一致。

表 5-9 检验了不同程度的环境不确定性条件下，高管议价能力对运气薪酬敏感性。加入运气与高管议价能力的交互项后，本书发现，在高环境不确定性的条件下，Luck·Ebp 的系数为 0.0030，而低环境不确定性的情况下，Luck·Ebp 的系数为 0.0048，表明环境不确定性越高，高管议价能力对运气薪酬的敏感性越低。这与假说 H8b 的结论一致，说明这一回归结果具有稳健性。

2. 替代高管议价能力的变量研究

Finkelstein（1992）认为可以从四个方面度量 CEO 的权力：结构权力、所有权权力、专家权力和威望权力。变量 Ebp 从高管的年龄、学历、任期及以往业绩表现四个维度衡量高管议价能力，主要侧重从专家权力的范畴考量高管议价权力。在这一节中，本书从高管结构权力方面衡量高管议价能力。结构权力体现了高管职位和头衔在公司中的地位。借鉴 Bebchuk 等（2011）、Johnson 等（2015）的做法，引入 CEO 薪酬层级（CEO pay slice，CPS）衡量高管在能力、权力或地位方面的相对重要性。本书定义 CPS 为前三名高管薪酬占公司高管薪酬总额的比重，以此来衡量高管在公司管理层中的相对中心地位。

表 5-10 给出变量 CPS 衡量的高管议价能力与运气薪酬的关系。对全部样本

的回归发现，Luck·CPS 的系数为 0.4295，且在 1%水平上显著，说明高管议价能力显著提高了高管薪酬对运气的敏感性，与假说 H6 的研究结果一致。此外，对高管议价能力进行分组回归发现，高议价能力的高管的 Luck 的系数为 0.0475，而低议价能力的高管的 Luck 系数为 0.0392，说明议价能力越高，薪酬与运气越敏感。

表 5-10　以高管结构权力方面作为高管议价能力的替代变量——高管议价能力对运气薪酬的影响

解释变量	被解释变量：lnCompen		
	全部样本	高议价能力	低议价能力
Luck	−0.126 4** (−12.89)	0.047 5*** (3.16)	0.039 2*** (3.53)
Skill	0.001 5 (0.45)	0.031 8*** (17.26)	0.024 3*** (15.71)
Luck·CPS	0.429 5*** (31.93)		
Skill·CPS	0.057 7*** (6.66)		
State	−0.029 0** (−2.34)	−0.066 6*** (−3.56)	0.014 4 (0.87)
Size	0.256 2*** (52.07)	0.251 5*** (35.05)	0.254 7*** (37.01)
Lev	−0.200 4*** (−6.86)	−0.067 0* (−1.68)	−0.207 2*** (−4.74)
Msize	0.066 9*** (27.31)	0.080 4*** (17.89)	0.044 8*** (16.21)
Shares	0.111 1*** (9.82)	0.084 0*** (5.10)	0.117 7*** (7.46)
Dual	−0.369 0*** (−3.19)	−0.049 5*** (−3.07)	−0.001 2 (−0.07)
Constant	8.038 9*** (44.78)	8.203 8*** (34.10)	8.265 0*** (27.60)
年份	控制		
行业	控制		
观测值	12 352	6 095	6 257
F 统计量	122.47***	57.12***	69.68***
Adj-R^2	0.393 6	0.370 8	0.412 7

注：括号内为 *t* 统计值

*、**、***分别表示在 10%、5%、1%的水平上显著

表 5-11 研究了不同的环境不确定性条件下，高管议价能力与运气薪酬的相关性。可以看出，高环境不确定性下，Luck·CPS 的系数为 0.4180，低环境不确定性下，Luck·CPS 的系数为 0.4415，表明环境不确定性对高管薪酬与运气敏感性的降低作用。高管议价能力替换为 CPS 后，回归结果不变。

表 5-11 以高管结构权力方面作为高管议价能力的替代变量——高管议价能力、环境不确定性对运气薪酬的影响

解释变量	被解释变量：lnCompen	
	高环境不确定性	低环境不确定性
Luck	−0.1101*** (−10.52)	−0.1061*** (−10.32)
Skill	−0.0058* (−1.70)	0.0060* (1.52)
Luck·CPS	0.4180*** (25.46)	0.4415*** (26.27)
Skill·CPS	0.0634*** (7.03)	0.0571*** (5.44)
State	−0.0354** (−2.19)	−0.0167 (−1.05)
Size	0.2493*** (36.53)	0.2700*** (43.05)
Lev	−0.2625*** (−7.83)	−0.1897*** (−4.73)
Msize	0.0610*** (18.52)	0.0666*** (22.91)
Shares	0.0941*** (6.57)	0.1075*** (7.45)
Dual	−0.0388*** (−2.83)	−0.0394*** (−2.75)
Constant	8.0308*** (32.45)	7.3903*** (32.05)
年份	控制	
行业	控制	
观测值	6167	6185
F 统计量	57.89***	87.86***
Adj-R^2	0.3230	0.4207

注：括号内为 t 统计值

*、**、***分别表示在 10%、5%、1%的水平上显著

3. 替代环境不确定性的变量研究

Tosi 等（1973）从三个方面衡量环境不确定性，即销售波动性、收益波动性和技术波动性。大部分研究都是使用销售波动性和技术波动性来捕捉行业环境不确定性。本章借鉴 Johnson 等（2015）的做法，以技术波动性作为环境不确定性的替代变量。技术波动性是指公司在不同的环境不确定性下对技术投入的变化。技术投入是指公司研发支出与资本支出之和占公司总资产的比重。本章使用技术投入的变异系数（coefficient of variance，CV）来捕捉行业环境不确定性。计算公式如下：

$$\mathrm{CV}(T_i)=\frac{\sqrt{\sum_{i=1}^{5}\frac{(T_i-T_{\mathrm{mean}})^2}{5}}}{T_{\mathrm{mean}}}$$

式中，T_i 为第 i 年公司的技术投入；T_{mean} 为五年间技术投入的平均值。CV 值越高代表环境不确定性越大。

表 5-12 报告了以技术投入的变异系数度量的环境不确定性对高管运气薪酬的影响。全部样本的回归结果表示，Luck·CV 的系数为–0.0017，且具有显著性，说明环境不确定性降低了高管薪酬对运气的敏感性，这与原回归结果一致。另外，高环境不确定性下，Luck 的系数为 0.0350，小于低环境不确定性下（0.0481）的系数，这也与表 5-11 的研究发现相一致。

表 5-12　以技术投入的变异系数度量环境不确定性——环境不确定性对运气薪酬的影响

解释变量	被解释变量：lnCompen		
	全部样本	高环境不确定性	低环境不确定性
Luck	0.041 5*** (3.97)	0.035 0*** (3.22)	0.048 1*** (3.30)
Skill	0.027 3*** (17.88)	0.019 8*** (15.35)	0.037 4*** (17.33)
Luck·CV	–0.001 7*** (–5.85)		
Skill·CV	–0.001 5*** (–4.23)		
State	–0.039 1*** (–2.71)	–0.012 5 (–0.75)	–0.035 9* (–1.74)
Size	0.225 5*** (36.08)	0.249 3*** (37.04)	0.221 7*** (24.45)

续表

解释变量	被解释变量：lnCompen		
	全部样本	高环境不确定性	低环境不确定性
Lev	–0.128 6*** (–3.51)	–0.189 5*** (–5.34)	–0.028 0 (–0.47)
Msize	0.034 9*** (13.26)	0.027 5*** (8.94)	0.036 0*** (10.67)
Shares	0.101 4*** (7.50)	0.087 3*** (5.86)	0.095 6*** (5.00)
Dual	0.026 6* (1.79)	0.034 0** (2.36)	0.012 4 (0.59)
Constant	8.980 1*** (35.93)	8.590 1*** (38.49)	8.669 7*** (23.04)
年份	控制		
行业	控制		
观测值	12 352	7 879	4 473
F 统计量	75.01***	61.28***	34.45***
Adj-R^2	0.353 3	0.328 7	0.323 7

注：括号内为 *t* 统计值

*、**、***分别表示在 10%、5%、1%的水平上显著

表 5-13 给出环境不确定性对高管议价能力与运气薪酬敏感性影响的结果。对环境不确定性进行分组回归后，高环境不确定性和低环境不确定性下的 Luck·Ebp 系数分别为 0.0027、0.0062，说明高管议价能力与运气薪酬呈显著正相关关系，但环境不确定性降低了这种相关性。这也进一步验证了假说 H7b，说明回归结果具有稳健性。

表 5-13　以技术投入的变异系数度量环境不确定性——高管议价能力、环境不确定性对运气薪酬的影响

解释变量	被解释变量：lnCompen	
	高环境不确定性	低环境不确定性
Luck	–0.0115 (–0.62)	–0.0460* (–1.69)
Skill	–0.0119 (–1.29)	0.0074 (0.55)
Luck·Ebp	0.0027*** (2.73)	0.0062*** (5.19)
Skill·Ebp	0.0024 (3.55)	0.0022** (2.28)
State	–0.0008 (–0.05)	–0.0384* (–1.83)

续表

解释变量	被解释变量：lnCompen	
	高环境不确定性	低环境不确定性
Size	0.2487*** （34.56）	0.2585*** （30.84）
Lev	−0.1535*** （−4.06）	−0.0163 （−0.27）
Msize	0.0264*** （8.44）	0.0346*** （10.05）
Shares	0.0817*** （5.31）	0.0868*** （4.43）
Dual	0.0326** （2.13）	−0.0151 （−0.68）
Constant	8.8329*** （37.72）	9.0501*** （30.30）
年份	控制	
行业	控制	
观测值	7879	4473
F 统计量	58.51***	34.20***
Adj-R^2	0.3367	0.3272

注：括号内为 t 统计值

*、**、***分别表示在 10%、5%、1%的水平上显著

第五节　本 章 小 结

文章选取 2012～2016 年沪深 A 股上市公司为样本，研究高管议价能力、环境不确定性对高管运气薪酬的影响，得出以下结论及启示。

第一，高管薪酬对运气业绩存在敏感性，即高管可凭运气获得较高的薪酬，这也就是当前一些上市公司高管高额薪酬存在的原因之一。根据最优契约理论，公司的业绩受运气的影响，为了促使高管更好地识别运气，并相应地调整公司战略，对市场变化做出灵活、快速的反应，向高管支付除管理才能与努力之外的运气薪酬，可能是一种有效的激励方法，有利于实现股东利益的最大化。

第二，高管的议价能力加强了高管薪酬对运气业绩敏感性。议价能力较强的高管的运气薪酬较高，这可能是因为，议价能力强的高管往往拥有更丰富的行业经验和知识技能，能更敏锐地捕捉市场变化，做出柔性化的战略选择。为了从经理人市场上吸引并挽留这些高管，上市公司可能愿意给出“能力溢价”。同时，当好运气来临时，行业的投资机会增多，议价能力强的高管在劳动力市场上更受青睐，更易获取获得额外的薪酬。

第三，环境的不确定性降低了高管薪酬对运气业绩的敏感性；当环境不确定性程度较高时，高管议价能力并不能使薪酬对运气业绩更敏感。对环境不确定性的高低进行分组后发现，当环境不确定性较高时，高管薪酬对运气的敏感性出现下降，这可能是因为，环境不确定性较大时，相对业绩评价的优势较明显。为降低业绩波动可能带来的收入风险，高管可能倾向要求雇主使用相对业绩评价的方式制定薪酬方案，或者要求更多比例的固定薪资，以此为其收入提供保险。议价能力强的高管虽然能凭借专业能力和所掌握的资源较好地识别运气，但是在环境不确定性大时，也不一定能准确地预测行业变化。为了避免自己的薪酬出现较大的波动，他们也有意愿降低自身薪酬与环境相关的部分。

第六章　启示与展望

第一节　启　　示

本书以中国 A 股上市公司为样本，对上市公司高管运气薪酬的三个专题进行了实证研究。

第一，检验了两个委员会职位重叠对 CEO 的运气薪酬的影响。研究发现，审计委员会与薪酬委员会职位重叠有助于降低 CEO 薪酬对运气的敏感性，但是在 CEO 权力较大的公司，两个委员会职位重叠对运气薪酬的治理效果减弱；进一步的研究发现，两个委员会职位重叠主要削弱了 CEO 薪酬对好运气的敏感度。研究结果表明，审计委员会与薪酬委员会职位重叠产生了信息溢出效应，可遏制高管利用运气在薪酬上抽租，增强了对非业绩薪酬的治理。基于本书结论，本书认为，首先，监管机构（如证监会、国务院国资委）可以鼓励董事在审计委员会与薪酬委员会的兼任行为，上市公司董事会也可以通过在不同委员间设置重叠职位加强各专门委员会之间董事的沟通，从而提升公司治理效率，更好地制约 CEO 的运气薪酬问题。其次，运气薪酬的非对称性易引发高管的冒险行为，而这正是内部控制与内部审计需要关注与防控的问题。国外的公司已经开始倡导审计委员会与薪酬委员会之间就风险问题开展协作。2009 年，在北美审计委员会领导网络联席会议上，参与者认为，至少应有一名董事在审计委员会与薪酬委员会交叉任职，同时审计委员会应评价薪酬与风险之间的关系。中国上市公司可借鉴这种做法，在薪酬委员会与审计委员会之间设置重叠的职位，并要求这些兼任的董事评估公司薪酬政策可能引发的风险，向股东提交评估报告。再次，要保障审计委员会与薪酬委员会联络机制的顺畅及履职目标的协调，发挥审计委员会对薪酬管理的监督职能，并将经营业绩审计、经济责任审计及高管薪酬信息披露的审查等作为审计委员会的主要工作内容之一。虽然一些学者认为，国有企业面临更严格的薪酬管制，高管对薪酬的可操纵空间较小，但无论是从事前业绩考核标准的制定还是从事后薪酬方案的确认来看，一般的程序都是公司先上报，国务院国资委再根据上报的情况进行批复。在这个过程中，公司高管可以利用国务院国资委的信息劣势对上报的内容进行操纵。如果高管在事前提交一个“利己”的目标建议值，并在事后找到合适的理由为其运气薪酬进行辩解（谢德仁等，2012），仍然可以利用运气攫取租金。为了防范高管的这种自利行为，应要求公司在年度财务报表中增加对薪酬标杆的披露，并由审计委员会负责对披露的薪酬信息进行审查。最后，董事会能否摆脱经理层权力的干预是两个委员会职位重叠发挥信息优势的关键性因素。为规避经理层对董事会的干预，一方面要限制 CEO 在提名委员会、审计委员会与薪酬委员会等多个重要专门委员会担任职务，另一方面要加大对董事违规的处罚力度，发挥股东监督的力量，倡导“股东积极主义”，从而加大高管推行利己行为的“愤怒”成本。

第二，分析了公司成长性、行业竞争与运气薪酬之间的关系。研究发现，在高成长的公司及处于高竞争行业的公司中，高管薪酬对运气的敏感性更高；在竞争程度较高的行业，公司成长性对运气薪酬敏感性的影响较大。实证结果表明，高成长公司面对的投资机会较多，要实现和保持快速增长，就必须适时地抓住行业发展机会，在新产品、产能扩张等方面采取相应战略。而处于高竞争行业的公司，面临的被掠夺风险及产品被替代风险较高，要实现增长也需要高管根据行业的发展方向，灵活地选择资产配置策略。例如，在运气好的年份中，通过增加投资，通过购买新技术、加快技术创新等策略，推出新产品等争夺市场份额。因此，高竞争行业中的高成长公司在薪酬的设计上可维持一个较低的基本工资和福利的比重，多设置“弹性”的部分，加大绩效奖金的比重和调节范围，在薪酬中加入一定的运气成分。一方面，激励高管密切关注行业变化，灵活地选择资产配置战略；另一方面，也激励他们努力工作，加强研发具有竞争力的产品、积极开拓产品市场。

第三，发现议价能力强的高管所获得的运气薪酬更高；环境不确定性越高，高管薪酬对运气的敏感性越低；环境不确定性减弱了高管议价能力对高管运气薪酬的敏感性。在环境不确定性程度较高时，议价能力强的高管的薪酬对运气的敏感性有所下降，但仍显著正相关。这表明，为挽留议价能力强的高管，董事会可能愿意给出“能力溢价”。尤其是在行业景气度较高时，对高管人才需求增加，这种意愿更强。因此，在运气好时，议价能力强的高管更有可能凭借运气获得额外薪酬。另外，环境不确定性加大了公司的经营风险，战略选择与经营决策的难度加大，高管议价能力的优势就不再那么明显，高管可能会倾向于要求降低其薪酬与环境变化的相关性，此时使用相对业绩评价更加合适，有助于减轻高管收入的波动性。本书认为，在薪酬设计上，对于那些外部机会多、议价能力强的高管，当行业景气度好时，更可能成为劳动力市场上争夺的对象，为了留住他们，公司应视运气给予额外薪酬。但是，在环境多变的条件下，议价能力强的高管即使具备较强的专业能力或丰富的社会资本，可能也会面临着较高的失败风险，这时用运气薪酬并不是一种较好的激励手段，反而可能使高管的收入暴露于风险中。公司可考虑使用相对业绩评价和股票期权相结合的激励方案，既能维护薪酬的稳定性，又能激励高管基于长期绩效做出战略决策。

第二节　局限性与研究展望

本书在以下几个方面可能存在不足，有待于进一步拓展与延伸。

首先，不同类型的公司对运气薪酬的策略可能不同。例如，家族式公司中创业者个人的财富增值与公司成长的关联性更强，好运气时更有动机在好运上投下较多赌注，这一动机反映在职业经理人薪酬方案中可能就表现为更强的运气薪酬。今后的研究可以用一些特殊类型的公司作为样本，分析其运气薪酬的特点及决定运气薪酬的关键因素。

其次，本书未考虑到公司内部运气薪酬的差距。Bebchuk 等（2011）提出了高管内部薪酬差距的概念，认为这个差距反映了 CEO 在公司中的重要性，以及 CEO 在薪酬上攫取租金的能力。但现有的研究没有注意到运气薪酬上的不公平性。高管团队间薪酬的差距不仅体现在薪酬绝对水平上，也体现在薪酬对运气业绩的敏感性上。进一步地，还可以检验以下问题：第一，关键领导人是否利用较强的议价能力，在好运气来临时获取比其他高管及内部员工高的薪酬。如果管理层能够依靠好运气获得更高的薪酬，而在坏运气来临时逃避惩罚，那么这种运气薪酬的非对称性是否在高管间存在差距。第二，对高管与普通员工间是否也存在运气薪酬的差距。

再次，本书使用会计收益估计运气业绩，易受盈余管理、会计政策的影响，可能还存在一定偏差。而市场业绩与我国上市公司高管薪酬的关联性还未完全建立起来，在我国上市公司高管薪酬研究中的适用性不强。未来可选择一些外生性冲击，如原材料、能源价格及汇率等变化作为运气指标，检验它们对相关行业上市公司薪酬的影响，使研究结果更有说服力。

最后，本书实证检验中用来衡量高管薪酬的变量仅包括高管的货币薪酬，未包含高管所能得到的全部报酬。实际中，上市公司高管的收入还包含股权激励、在职消费等，未来研究可建立高管收入的综合衡量指标，并将其运用于运气薪酬的实证研究。

参 考 文 献

曹慧，王妙英. 2014. 行业竞争、股权性质与高管薪酬激励. 生产力研究，（3）：86-89.
曹荣，王怀明. 2016. 行业竞争程度、股权集中度与股权融资成本. 会计之友，（9）：76-79.
陈冬华，陈信元，万华林. 2005. 国有企业中的薪酬管制与在职消费. 经济研究，（2）：92-101.
陈收，舒晴，杨艳. 2012. 环境不确定性对企业战略变革与绩效关系的影响. 系统工程，（9）：1-8.
陈晓红，王小丁，曾江洪. 2007b. 高管薪酬激励方式对中小企业成长性的影响——基于分解法视角的实证研究. 经济问题探索，（3）：150-155.
陈晓红，周颖，佘坚. 2007a. 市场波动性与中小上市公司成长性评价. 证券市场导报，（5）：41-49.
陈运森，谢德仁. 2012. 董事网络、独立董事治理与高管激励. 金融研究，（2）：168-182.
陈震，丁忠明. 2011. 基于管理层权力理论的垄断企业高管薪酬研究. 中国工业经济，（9）：119-129.
陈震，凌云. 2013 企业风险、产权性质与高管薪酬—业绩敏感性. 经济管理，（6）：54-61.
陈志广. 2002. 高级管理人员报酬的实证研究. 当代经济科学，（5）：71-78.
程新生，刘建梅，陈靖涵. 2015. 才能信号抑或薪酬辩护：超额薪酬与战略信息披露. 金融研究，（12）：146-161.
邓晓岚，陈栋，陈运森. 2015. 专门委员会重叠与 CEO 运气薪酬：基于国有控股上市公司的证据. 会计研究，（7）：49-55.
邓晓岚，陈运森，陈栋. 2014. 审计委员会与薪酬委员会委员交叠任职、盈余管理与经理人薪酬. 审计研究，（6）：83-91.
杜俊涛，颜霜，林武. 2004. 公司治理机制对总经理报酬影响之实证研究. 商业研究，（2）：93-98.
杜兴强，王丽华. 2007. 高层管理当局薪酬与上市公司业绩的相关性实证研究. 会计研究，（1）：58-65.
方军雄. 2009. 我国上市公司高管的薪酬存在粘性吗？经济研究，（3）：110-124.
方军雄. 2011. 高管权力与企业薪酬变动的非对称性. 经济研究，（4）：107-120.
符林，刘轶芳，迟国泰. 2008. 上市公司的成长性判定方法与实证研究. 财经问题研究，（6）：71-77.
郭瑞隆. 2012. 高管任期与公司多元化. 现代会计，（5）：8-10.
韩志丽，杨淑娥，史浩江. 2008. 投资机会（IOS）设定下公司内部治理对经营绩效的影响——基于中国上市公司的经验研究. 管理工程学报，22（1）：72-77.

韩忠雪，周婷婷. 2011. 产品市场竞争、融资约束与公司现金持有：基于中国制造业上市公司的实证分析. 南开管理评论，14（4）：149-160.

胡亚权，周宏. 2012. 高管薪酬、公司成长性水平与相对业绩评价——来自中国上市公司的经验证据. 会计研究，（5）：22-28.

胡阳，刘志远，任美琴. 2006. 设计有效的经营者持股激励机制. 南开管理评论，（5）：52-58.

江伟. 2011. 市场化程度、行业竞争与管理者薪酬增长. 南开管理评论，（5）：58-67.

蒋涛，刘运国，徐悦. 2014. 会计业绩信息异质性与高管薪酬. 会计研究，（3）：18-22.

柯可，邱凯. 2009. 上市公司高管薪酬影响因素分析——基于沪深上市公司的实证研究. 财会通讯，（3）：55-59.

黎文靖，胡玉明. 2012. 国企内部薪酬差距激励了谁？经济研究，（12）：125-136.

李定珍，唐红涛，杨潘. 2007. 我国上市零售企业成长性评价实证研究. 财经问题研究，（11）：77-81.

李敏娜，王铁男. 2014. 董事网络、高管薪酬激励与公司成长性. 中国软科学，（4）：138-147.

李世尧. 2013. 我国垄断行业与竞争行业高管薪酬激励效应比较. 企业经济与管理，（1）：101-106.

李文勤. 2014. 创业板上市公司成长性浅析. 财务分析，（7）：62-64.

李晓. 2015. 两职兼任、独立董事与公司绩效的关联性——基于中国证券市场的经验检验. 财会月刊，（30）：51-56.

李兴绪，扬燕红，章玲，等. 2004. 国有控股上市公司经营者薪酬安排的实证研究. 财经论坛，（12）：105-106.

李旭红. 2016. 中小企业税收负担与企业成长性实证研究——基于创业板公司数据的分析. 国际税收，（2）：65-69.

梁毕明. 2012. 我国创业板上市公司成长性研究. 经济纵横，（8）：109-112.

林乐，谢德仁，陈运森. 2013. 实际控制人监督、行业竞争与经理人激励——来自私人控股上市公司的经验证据. 会计研究，（9）：36-43.

林钟高，张春艳. 2017. 环境不确定性、客户集中度与企业创新能力——基于创业板公司上市前后主要客户变动的视角. 会计之友，（16）：47-53.

刘凤委，李琦. 2013. 市场竞争、EVA 评价与企业过度投资. 会计研究，（2）：51-64.

刘凤委，孙铮，李增泉. 2007. 政府干预、行业竞争与薪酬契约——来自国有上市公司的经验证据. 管理世界，（9）：76-83.

刘慧龙，张敏，王亚平，等. 2010. 政治关联、薪酬激励与员工配置效率. 经济研究，（9）：134-138.

刘金岩，牛建波. 2008. 产品市场竞争对经理层激励效果的影响研究. 财贸研究，（3）：95-104.

卢锐，柳建华，许宁. 2011. 内部控制、产权与高管薪酬业绩敏感性. 会计研究，（10）：42-48.

鲁小东，焦捷，朱世武. 2011. 普通员工薪酬、公司规模与成长性——来自中国上市公司面板数据的经验证据. 清华大学学报（自然科学版），（12）：1908-1916.

罗党论，唐清泉. 2009. 政治关系、社会资本与政策资源获取：来自中国民营上市公司的经验证据. 世界经济，(7)：84-96.

罗宏，刘宝华. 2012. 互补或替代？经理薪酬与外部审计治理效用关系研究. 会计与经济研究，26（6)：3-11.

马红，王元月. 2015. 融资约束、政府补贴和公司成长性——基于我国战略性新兴产业的实证研究. 中国管理科学，(4)：631-635.

马可佳. 2012-05-04. 房企高管薪酬涨幅高于净利增幅. 第一财经日报.

马璐，胡江娴. 2005. 企业成长性分析与评价. 商业研究，(7)：49-52.

缪毅，胡奕明. 2014. 薪酬谈判中的经理议价能力研究——基于管理者权力视角的实证检验. 经济管理，(2)：55-64.

慕静，韩文秀，李全生. 2005. 基于主成分分析法的中小企业成长性评价模型及其应用. 系统工程理论方法应用，14（4)：369-371.

穆林娟，张力. 2011. 创业板上市公司成长性影响因子研究研究. 求索，(6)：38-39.

牛建波. 2004. CEO 报酬、心理契约与企业绩效. 经济管理，(16)：27-33.

牛建波，赵静. 2012. 信息成本、环境不确定性与独立董事溢价. 南开管理评论，15（2)：70-80.

钱德勒. 1987. 看得见的手：美国企业的管理革命. 重武，译. 北京：商务印书馆.

仇冬芳，马彩霞，耿成轩. 2017. 环境不确定性、融资约束与现金持有价值——来自 A 股上市公司的经验数据. 软科学，31（3)：49-53.

屈小华. 2010. 信息技术业上市公司成长性影响因素的财务指标分析. 现代经济信息，(9)：83-84.

权小锋，吴世农，文芳. 2010. 管理层权力、私有收益与薪酬操纵. 经济研究，(11)：73-87.

申慧慧. 2010. 环境不确定性对盈余管理的影响. 审计研究，(1)：91-98.

申慧慧，于鹏. 2012. 国有股权、环境不确定性与投资效率. 经济研究，(7)：113-126.

沈艺峰，李培功. 2010. 政府限薪令与国有企业高管薪酬、业绩和运气关系的研究. 中国工业经济，(11)：130-139.

谌新民，刘善敏. 2003. 上市公司经营者报酬结构性差异的实证研究. 经济研究，(5)：33-36.

盛宇华，胡俊喆. 2016. 行业竞争与上市公司高管的外部薪酬差距——基于 HLM 模型的分析. 中国工业经济，(5)：70-75.

孙前路. 2009. 企业经营绩效、高管学历对高管薪酬的影响——以上市民营企业为例. 中国集体经济，(7)：117-118.

谭庆美，吴金克. 2011. 资本结构、股权结构与中小企业成长性. 证券市场导报，(2)：65-70.

唐清泉，易翠. 2010. 高管持股的风险偏爱与 R&D 投入动机. 当代经济管理，32（2)：20-25.

唐松，孙铮. 2014. 政治关联、高管薪酬与企业未来经营业绩. 管理世界，(5)：93-105.

王爱国，王哲. 2016. 高管—职工薪酬差距与企业绩效、股权特征、企业成长性的相关性研究. 山东社会科学，(5)：128-133.

王东青，邹婷. 2015 行业竞争、高管变更与信息披露质量——基于深市 A 股公司的经验证据. 贵州财经大学学报，（4）：41-49.

王怀明，陈雪. 2017. 高管持股、环境不确定性与债务融资规模. 税务与经济，（1）：30-37.

王青燕，何有世. 2005. 影响中国上市公司成长性的主要因素分析. 统计与决策，（1）：61-63.

王清刚，胡亚君. 2011. 管理层权力与异常高管薪酬行为研究. 中国软科学，（10）：166-175.

王志强，张玮婷，顾劲尔. 2011. 资本结构、管理层防御与上市公司高管薪酬水平. 会计研究，（2）：72-78.

魏刚. 2000. 高级管理层激励与上市公司经营绩效. 经济研究，（3）：32-64.

吴国鼎. 2015. 实际控制人持股水平、行业竞争性与企业绩效. 当代经济科学，（4）：100-109.

吴昊旻，王华. 2009. 行业产品市场竞争与上市公司债务融资选择实证研究. 暨南学报（哲学社会科学版），（6）：124-132.

吴育辉，吴世农. 2010. 高管薪酬：激励还是自利？——来自中国上市公司的证据. 会计研究，（11）：40-48.

夏宁，董艳. 2014. 高管薪酬、员工薪酬与公司的成长性. 会计研究，（9）：89-95.

肖继辉. 2005. 上市公司相对业绩评价假设的强式和弱式有效性——来自我国上市公司经理报酬契约的证据. 经济管理，（14）：17-27.

肖继辉，彭文平. 2010. 经理报酬棘轮效应与相对业绩评价模型的选择. 管理学报，7（7）：993-999.

谢德仁，林乐，陈运森. 2012. 薪酬委员会独立性与更高的经理人报酬—业绩敏感度——基于薪酬辩护假说的分析和检验. 管理世界，（1）：121-140.

谢军. 2006. 股利政策、第一大股东和公司成长性：自由现金流理论还是掏空理论. 会计研究，（4）：51-57.

谢盛纹，田莉. 2015. 环境不确定性、高管权力与税收激进度. 会计之友，（7）：107-116.

辛清泉，黄曼丽，易浩然. 2013. 上市公司虚假陈述与独立董事监管处罚——基于独立董事个体视角的分析. 管理世界，（5）：131-143.

辛清泉，谭伟强. 2009. 市场化改革、企业业绩与国有企业经理薪酬. 经济研究，（11）：68-81.

徐宏忠，万小勇，连玉君. 2012. 高管薪酬行业差异的实证分析. 组织行为与人力资源管理，（1）：85-93.

徐龙炳，李科. 2010. 政治关系如何影响公司价值：融资约束与行业竞争的证据. 财经研究，（10）：60-68.

徐鑫. 2005. 基于个人特征的 CEO 薪酬决定模型. 广东经济管理学院学报，20（1）：31-36.

颜科帆，熊紫彬. 2017. 高管个人特质、执业情况和高管薪酬的相关性分析——基于沪深两市样本的结构式分析. 江苏商论，（6）：123-125.

杨青，陈峰，陈洁. 2014. 我国上市公司 CEO 薪酬存在“幸运支付”吗——“揩油论”抑或“契约论”. 金融研究，（4）：143-157.

杨青，高铭，Yurtoglu B B. 2009. 董事薪酬、CEO 薪酬与公司业绩——合谋还是共同激励？金融研究，（6）：111-127.
杨向阳，李前兵. 2012. 高管薪酬、团队特征与公司业绩敏感性——来自 A 股制造业上市公司的经验证据. 中国注册会计师，（6）：79-85.
叶建木，谢利萍. 2017. 融资约束、高管薪酬与企业绩效. 财会通讯，（12）：41-43.
张辰彦，吴冰，刘仲英. 2007. 企业知识管理系统柔性与环境不确定性的匹配度计算模型. 管理学报，4（4）：393-397.
张弛. 2015. 竞争性行业中的国企高管薪酬制度应坚持市场化原则. 政治经济学评论，6（1）：141-156.
张昉，陈良华，张越. 2011. 薪酬激励嵌入审计对内部资本市场效率的影响. 管理科学学报，14（8）：45-53.
郑志刚，孙娟娟，Rui O. 2012. 任人唯亲的董事会文化和经理人超额薪酬问题. 经济研究，（12）：111-124.
钟田丽，范宇. 2004. 上市公司产品市场竞争程度与财务杠杆的选择. 会计研究，（4）：73-77.
周宏，张巍. 2010. 中国上市公司经理人薪酬的比较效应——基于相对业绩评价的实证研究. 会计研究，（7）：50-56.
周嘉南，黄登仕. 2006. 上市公司高级管理层报酬业绩敏感度与风险之间关系的实证检验. 会计研究，（4）：44-49.
周开国，李涛，张燕. 2011. 董事会秘书与信息披露质量. 金融研究，（7）：167-181.
周夏飞，周强龙. 2014. 产品市场势力、行业竞争与公司盈余管理——基于我国上市公司的经验证据. 会计研究，（8）：60-66.
Adams R B，Ferreira D. 2007. A Theory of friendly boards. Journal of Finance，62（1）：217-250.
Aggarwal R K，Meschke F，Wang T. 2012. Corporate political contributions：investment or agency? Business and Politics，14（1）：1-38.
Aggarwal R K，Samwick A A. 1999a. The other side of the trade-off：The impact of risk on executive compensation. Journal of Political Economy，107（1）：65-105.
Aggarwal R K，Samwick A A. 1999b. Executive compensation，strategic competition，and relative performance evaluation：theory and evidence. The Journal of Finance，54（6）：1999-2043.
Aharony J，Lee C W J，Wong T J. 2000. Financial packaging of IPO firms in China. Journal of Accounting Research，38（1）：103-126.
Albuquerque A. 2009. Peer firms in relative performance evaluation. Journal of Accounting and Economics，48（1）：69-89.
Albuquerque A. 2014. Do growth-option firms use less relative performance evaluation? The Accounting Review，89：27-60.
Antle R，Smith A. 1986. An empirical investigation of the relative performance evaluation of corporate executives. Journal of Accounting Research，24（1）：1-39.

Aslan H，Grinstein Y. 2010. Political contributions and CEO pay. http://papers. ssrn.com/sol3/papers. cfm?abstract_id=1570175[2019-10-09].

Baber W，Kang S，Kumar K. 1998. Accounting earnings and executive compensation：the role of earnings persistence. Journal of Accounting and Economics，25：169-193.

Baiman S，Demski J S. 1980. Economically optimal performance evaluation and control systems. Journal of Accounting Research，18：184.

Balakrishnan K，Cohen D A. 2014. Competition and financial accounting misreporting. http://dx.doi.org/10.2139/ssrn. 2447882 [2019-10-09].

Banker R D，Darrough M N，Huang R，et al. 2013. The relation between CEO compensation and past performance. Accounting Review，88（1）：1-30.

Bannister J W，Newman H A. 2003. Analysis of corporate disclosures on relative performance evaluation. Accounting Horizons，17：235-246.

Bargeron L L，Lehn K M，Zutter C J. 2010. Sarbanes-Oxley and corporate risk-taking. Journal of Accounting and Economics，49（1）：34-52.

Barnholt E W. 1997. Fostering business growth with breakthrough innovation. Research Technology Management，40（2）：12-16.

Barro J，Barro R. 1990. Pay，performance，and turnover of bank CEO's. Journal of Labor Economics，8（4）：448-481.

Beasley M S，Carcello J V，Hermanson D R，et al. 2010. The audit committee oversight process. Contemporary Accounting Research，26（1）：65-122.

Bebchuk L A，Fried J M. 2003. Executive compensation as an agency problem. Journal of Economic Perspectives，17（3）：71-92.

Bebchuk L A，Fried J M. 2004. Pay without performance. Business Ethics Quarterly，20（3）：5-24.

Bebchuk L A，Fried J M，Walker D I. 2002. Managerial power and rent extraction in the design of executive compensation. University of Chicago Law Review，69（3）：751-846.

Bebchuk L A，Cremers K J M，Peyer U C. 2011. The CEO pay slice. Journal of Financial Economics，102（1）：199-221.

Beiner S，Schmid M M，Wanzenried G. 2011. Product market competition，managerial incentives and firm valuation. European Financial Management，17（2）：331-366.

Bennett B，Custodio C，Cvijanovic D. 2015. When pay for luck is pay for action：CEO compensation and real estate prices. http://dx.doi.org/10.2139/ssrn.2642346 [2019-10-09].

Bertrand M，Mullainathan S. 2000. Agents with and without principals. Social Science Electronic Publishing，90（2）：203-208.

Bertrand M，Mullainathan S. 2001. Are CEOS rewarded for luck？The ones without principals are. Quarterly Journal of Economics，116（3）：901-932.

Bizjak J M，Lemmon M L，Naveen L. 2008. Does the use of peer groups contribute to higher pay and less efficient compensation? Social Science Electronic Publishing，90（2）：152-168.

Bizjak J M，Lemmon M L，Whitby R. 2009. Option backdating and board interlocks. The Review of Financial Studies，22：4821-4847.

Brick I E. 2006. The trouble with stock options. Journal of Economic Perspectives，17：49-70.

Brick I E，Palmon O，Wald J K. 2006. CEO compensation，director compensation，and firm performance：evidence of cronyism? Journal of Corporate Finance，12（3）：403-423.

Bushman R M，Engel E，Smith A. 2002. An analysis of the relation between the stewardship and valuation roles of earnings. Journal of Accounting Research，44：53-83.

Bushman R M，Indjejikian R J. 1993. Accounting income，stock price，and managerial compensation. Journal of Accounting and Economics，16：3-23.

Cadman B，Carter M E，Semida K. 2009. Compensation peer groups and their relation with CEO compensation. Utah：University of Utah.

Campbell T C，Thompson M E. 2015. Why are CEOs paid for good luck? An empirical comparison of explanations for pay-for-luck asymmetry. Journal of Corporate Finance，35：247-264.

Carcello J V，Neal T L，Palmrose Z V，et al. 2011. CEO involvement in selecting board members，audit committee effectiveness，and restatements. Social Science Electronic Publishing，28（2）：396-430.

Carter M E，Ittner C D，Zechman S L C. 2009. Explicit relative performance evaluation in performance-vested equity grants. Review of Accounting Studies，14（2/3）：269-306.

Chaigneau P，Sahuguet N. 2012. Pay-for-Luck in CEO Compensation：matching and efficient contracting，Cahiers de recherche，CIRPEE. https://EconPapers.repec.org/RePEc:lvl:lacicr:1224 [2019-10-09].

Chandar N，Chang H，Zheng X. 2012. Does overlapping membership on audit and compensation committees improve a firm's financial reporting quality? Review of Accounting and Finance，11（2）：141-165.

Chen D H，Liang S K，Zhu P. 2012. Relative performance evaluation and executive compensation：evidence from Chinese listed companies. China Journal of Accounting Research，5：127-144.

Chhaochharia V，Grinstein Y. 2009. CEO compensation and board structure. Journal of Finance，64（1）：231-261.

Chiu H H，Oxelheim L，Wihlborg C，et al. 2016. Macroeconomic fluctuations as sources of luck in CEO compensation. Journal of Business Ethics，136（2）：371-384.

Coles J L，Daniel N D，Naveen L. 2006. Managerial incentives and risk-taking. Journal of Financial Economics，79（2）：431-468.

Combs J G，Skill M S. 2003. Managerialist and human capital explanations for key executive pay premiums：a contingency perspective. Academy of Management Journal，46（1）：63-73.

Cornell R M，Schwartz W C. 2012. Auditing your executive compensation plan. Journal of Corporate Accounting & Finance，23（4）：43-53.

Cremers K J M，Grinstein Y. 2009. The market for CEO talent implications for CEO compensation. http://depot.som.yale.edu/icf/papers/fileuploads/2385/original/ICF_WPS_09-11_Cremers_The_Market_for_CEO_Talent_Revised_Paper.pdf[2019-10-09].

Cremers K J M，Nair V B，Peyer U. 2008. Takeover defenses and competition：the role of stakeholders. Journal of Empirical Legal Studies，5（4）：791-818.

Crystal G S.1991. Why CEO compensation is so high. California Management Review，34（1）：9-29.

Cyert R M，Kang S H，Kumar P. 2002. Corporate governance，takeovers，and top-management compensation：theory and evidence. Management Science，48（4）：453-469.

Daines R，Nair V B，Kornhauser L A. 2005. The good，the bad and the lucky：CEO pay and skill. http://dx.doi.org/10.2139/ssrn. 622223 [2019-10-09].

Daniel N D，Li L，Naveen L. 2012. Symmetry in pay for luck. http://dx.doi.org/10.2139/ssrn.2160015 [2019-10-09].

De Angelis D，Grinstein Y. 2015. Performance terms in CEO compensation contracts. Review of Finance，19：619-651.

Defond M L，Hann R N，Hu X. 2005. Does the market value financial expertise on audit committees of boards of directors？Journal of Accounting Research，43（2）：153-193.

Defond M L，Park C W. 1999. The effect of competition on CEO turnover. Journal of Accounting and Economics，27：35-56.

Delmar F，Davidsson P，Gartner W B. 2003. Arriving at the high-growth firm. Journal of Business Venturing，18（2）：189-216.

Demerjian P，Lev B，Mcvay S. 2012. Quantifying managerial ability：a new measure and validity tests. Management Science，58（7）：1229-1248.

Devaro J，Kim J H，Vikander N. 2014. Pay-for-（persistent）-luck：CEO bonuses under relational and formal contracting. Social Science Electronic Publishing.

Devaro J，Kim J H，Vikander N. 2017. Non-performance pay and relational contracting：evidence from CEO compensation. https://www.researchgate.net/publication/312875803_Non-performance_Pay_and_ Relational_Contracting_Evidence_from_CEO_Compensation[2019-12-09].

Diamond D W，Verrecchia R E. 1982. Optimal managerial contracts and equilibrium security prices. Journal of Finance，37（2）：275-287.

Dikolli S S，Hofmann C，Pfeiffer T. 2008. Efficient benchmarking. https://www.researchgate.net/publication/255996518_Efficient_Benchmarking[2019-10-09].

Duncan R B. 1972. Characteristics of organizational environments and perceived environmental uncertainty. Administrative Science Quarterly，17（3）：313-327.

Edmans A，Gabaix X. 2009. Is CEO pay really inefficient? A survey of new optimal contracting theories. European Financial Management，15（3）：486-496.

Edmans A，Gabaix X. 2011. The effect of risk on the CEO market. Review of Financial Studies，24（8）：2822-2863.

Faleye O，Hoitash R，Hoitash U. 2011. The costs of intense board monitoring. Journal of Financial Economics，101（1）：160-181.

Fan J P H，Wong T J，Zhang T. 2006. The emergence of corporate pyramids in China. https://EconPapers.repec.org/RePEc:hit:hitcei:2006-3[2007-10-01].

Faulkender M，Yang J. 2010. Inside the black box：the role and composition of compensation peer groups. Journal of Financial Economics，96（2）：257-270.

Ferris S P，Jagannathan M，Pritchard A C. 2003. Too busy to mind the business? Monitoring by directors with multiple board appointments. Journal of Finance，58（3）：1087-1111.

Finkelstein S. 1992. Power in top management teams：dimensions，measurement，and validation. Academy of Management Journal Academy of Management，35（3）：505.

Finkelstein S，Hambrick D C. 1989. Chief executive compensation：a study of the intersection of markets and political processes. Strategic Management Journal，10（2）：121-134.

Frank M Z，Goyal V K. 2004. Capital structure decision which factors reliably important? The Journal of Finance，（12）：1-15.

Freire，Maria D G M，Gomes，et al. 2002. Isolation and partial characterization of novel lectin from talisia esculenta seeds that interferes with fungal growth. Journal of Accounting and Economics，（40）：61-68.

Gailly B，Francois D，Biga M，et al. 2004. The growth trajectories of start-up firms：an exploratory study. Journal of Accounting and Economics，2：1-16.

Gan H，Park M S. 2017. CEO managerial ability and the marginal value of cash. Advances in Accounting，38：126-135.

Garner J L，Nam J，Ottoo R E. 2002. Determinants of corporate growth opportunities of emerging firms. Journal of Economics and Business，54（1）：73-93.

Garvey G T，Milbourn T T. 2003. Incentive compensation when executives can hedge the market：evidence of relative performance evaluation in the cross section. The Journal of Finance，58（4）：1557-1582.

Garvey G T，Milbourn T T. 2006. Asymmetric benchmarking in compensation：executives are rewarded for good luck but not penalized for bad. Journal of Financial Economics，82（1）：197-225.

Ghosh D，Olsen L. 2009. Environmental uncertainty and managers' use of discretionary accruals.

Accounting Organizations and Society，34（2）：188-205.

Gibbons R，Murphy K J. 1990. Relative performance evaluation for chief executive officers. Industrial and Labor Relations Review，43（3）：30-51.

Gong G，Li L，Shin J. 2011. Relative performance evaluation and related peer groups in executive compensation contracts. The Accounting Review，86：1007-1043.

Gong G，Li L，Yin H F. 2019. Relative performance evaluation and the timing of earnings release. Journal of Accounting and Economics，67：358-386.

Gopalan R，Milbourn T，Song F. 2009. Strategie flexibility and the optimality of pay for sector performance. Review of Financial Studies，23（23）：2060-2098.

Gormley T A，Matsa D A，Milbourn T. 2013. CEO compensation and corporate risk：evidence from a natural experiment. Social Science Electronic Publishing，56（2/3）：79-101.

Göx R F. 2008. Tax incentives for inefficient executive pay and reward for luck. Review of Accounting Studies，13（4）：452-478.

Green J R，Stokey N. 1983. A comparison of tournaments and Contracts. Journal of Political Economy，91：349-364.

Grinstein Y，Hribar P. 2004. CEO compensation and incentives：evidence from M&A bonuses. Journal of Financial Economics，73（1）：119-143.

Hambrick D C，Mason P A. 1984. Upper echelons：the organization as a reflection of its top managers. Academy of Management Review，9（2）：193-206.

Harvey K D，Keith D. 2012. Market competition and CEO compensation in China. The Journal of Financial Research，（12）：491-503.

Haushalter D，Klasa S，Maxwell W F. 2007. The influence of product market dynamics on a firm's cash holdings and hedging behavior. Social Science Electronic Publishing，84（3）：797-825.

Heron R A，Lie E，Perry T. 2007. On the use（and abuse）of stock option grants. Financial Analysts Journal，63（3）：17-27.

Himmelberg C P，Hubbard R G. 2000. Incentive pay and the market for CEOS：an analysis of pay-for-performance sensitivity. https://ssrn.com/abstract=236089 or http://dx.doi.org/ 10.2139/ssrn.236089[2019-10-09].

Hoffmann F，Pfeil S. 2010. Reward for luck in a dynamic agency model. Review of Financial Studies，23（9）：3329-3345.

Holmstrom B. 1979. Moral hazard and observability. Bell Journal of Economics，10（1）：74-91.

Holmstrom B. 1982. Moral hazard in teams. Bell Journal of Economics，13（2）：324-340.

Houdek P. 2017. Rewards for falling off a horse：bad corporate governance is enabling managers to receive pay for luck. Organizational Dynamics，46（3）：189-194.

Hvide H K. 2002. Tournament rewards and risk taking. Journal of Labor Economics，20：877-898.

Hwang B H，Kim S. 2009. It pays to have friends. Journal of Financial Economics，93（1）：138-158.

Jafri R，Trabelsi S. 2014. Managerial risk-taking and CEO excess compensation. http://dx.doi.org/10.2139/ssrn.2379166 [2019-10-09].

Janakiraman S N，Lambert R A，Larcker D F. 1992. An empirical investigation of the relative performance evaluation hypothesis. Journal of Accounting Research，30（1）：53-69.

Jansen J J P，Bosch F A J V D，Volberda H W. 2006. Exploratory innovation，exploitative innovation，and performance：effects of organizational antecedents and environmental moderators. Schmalenbach Business Review，52（11）：1661-1674.

Jensen M C，Murphy K J. 1990. Performance pay and top-management incentives. Journal of Political Economy，98（2）：225-264.

Jenter D，Kanaan F. 2008. CEO Turnover and Relative Performance Evaluation. California：Stanford University.

Jiménez-Angueira C E，Stuart N V. 2015. Relative performance evaluation，pay-for-luck，and double-dipping in CEO compensation. Review of Quantitative Finance and Accounting，44（4）：701-732.

Johnson G J Y，Sun L，Zhang J H. 2015. Firms' environmental uncertainty and excessive CEO pay. Accounting and Finance Research，4（4）：115-126.

Jouber H，Fakhfakh H. 2012. Pay for luck：new evidences from the institutional determinants of CEOs' compensation. International Journal of Law and Management，54（6）：485-507.

Jung H W，Subramanian A. 2017. CEO talent，CEO compensation，and product market competition. Journal of Financial Economics，（125）：48-71.

Kaplan S N，Klebanov M M，Sorensen M. 2012. Which CEO characteristics and abilities matter? The Journal of Finance，67（3）：973-1007.

Karuna C. 2007. Industry product market competition and managerial incentives. Journal of Accounting and Economics，（43）：275-297.

Kim K. 2010. Blockholder monitoring and the efficiency of pay-performance benchmarking. Journal of Corporate Finance，16（5）：748-766.

Kim O，Suh Y. 1993. Incentive efficiency of compensation based on accounting and market performance. Journal of Accounting and Economics，16：25-53.

Lambert R A，Larcker D F. 1987. An analysis of the use of accounting and market measures of performance in executive compensation contracts. Journal of Accounting Research，25：85-129.

Larcker D F，Ormazabal G，Taylor D J. 2011. The market reaction to corporate governance regulation. Journal of Financial Economics，101（2）：431-448.

Laux C，Laux V. 2009. Board committees，CEO compensation，and earnings management. Working Paper，84（3）：869-891.

Lazear E，Rosen S. 1981. Rank-order tournaments as optimum labor contracts. Journal of Political Economy，89：841-864.

Lee C Y，Yang S L. 2014. The relation between compensation，environmental uncertainty，and employee performance：an empirical study of the Taiwan agricultural chemical salespersons. Economics and Finance Review，3（7）：1.

Levy M. 2016. 90 Cent of every "pay-for-performance" dollar are paid for luck. Social Science Electronic Publishing，（11）：28-53.

Li X. 2010. The impacts of product market competition on the quantity and quality of voluntary disclosures. Review of Accounting Studies，15（3）：663-711.

Li H，Zhang H，Wang D. 2014. Research on the relationship between executive compensation and the growth of tourism listed company in China. Journal of Beijing International Studies University，（3）：55-63.

Liao C H，Hsu W H. 2013. Common membership and effective corporate governance：evidence from audit and compensation committees. Corporate Governance An International Review，21（1）：79-92.

Liu L S，Stark A W. 2009. Relative performance evaluation in board cash compensation：UK empirical evidence. British Accounting Review，41（1）：1-30.

Lyandres E. 2004. Capital structure and interaction among firms in output markets. The Journal of Business，79（5）：2381-2421.

Marinovic I，Povel P. 2017.Competition for talent under performance manipulation. Journal of Accounting and Economics，64（1）：1-14.

Marshall A. 2009. Principles of Economics. Beijing：The People's Daily Press.

Matsumura E M，Shin J Y. 2006. An empirical analysis of an incentive plan with relative performance measures：evidence from a postal service. The Accounting Review，81：533-566.

Mehan D，Bernard E，Mullings J. 1995. Growth monitoring：the role of community health volunteers. Journal of Public Health，（2）：111-116.

Milliken F J. 1987. Three types of perceived uncertainty about the environment：state，effect，and response uncertainty. Academy of Management Review，12（1）：133-143.

Morgado A，Pindado J. 2003. The under-investment and over-investment hypotheses：an analysis using panel data. European Financial Management，9（2）：163-177.

Morse A，Nanda V，Seru A. 2014. Compensation rigging by powerful CEOs：a reply and cross-sectional evidence. Critical Finance Review，3（1）：153-190.

Murphy K J. 1985. Corporate performance and managerial remuneration：an empirical analysis.

Journal of Accounting and Economics，7（1/2/3）：11-42.
Murphy K J. 1999. Executive compensation //Ashenfleter O，Card D. Handbook of Labor Economics，Vol. 3.Amsterdam:North-Holland：2485.
Murphy K J. 2001. Performance standards in incentive contracts. Journal of Accounting and Economics，30：245-278.
Murphy K J，Zimmerman J. 1993. Financial performance surrounding CEO turnover. Journal of Accounting and Economics，16（1/2/3）：273-315.
Nalebuff B J，Stiglitz J E. 1983. Prizes and incentives：towards a general theory of compensation and competition. Bell Journal of Economics，13：21-43.
Nam J，Ottoo R E，Thornton Jr J H. 2003. The effect of managerial incentives to bear risk on corporate capital structure and R&D investment. Financial Review，38（1）：77-101.
Naveen D，Li Y，Naveen L. 2016. Asymmetry in pay for luck：a size effect? Social Science Electronic Publishing，（1）：1-26.
O'Keeffe M，Viscusi W，Zeckhauser R J. 1984. Economic contests：comparative reward schemes. Journal of Labor Economics，2：27-56.
Oyer P. 2004. Why do firms use incentives that have no incentive effects? The Journal of Finance，59（4）：1619-1650.
Özsomer A，Calantone R J，Bonetto A D. 1997. What makes firms more innovative? A look at organizational and environmental factors. Journal of Business and Industrial Marketing，12（6）：400-416.
Paligorova T. 2008. The effect of the sarbanes-oxley act on CEO pay for luck. Social Science Electronic Publishing，（8-20）：1-35.
Porter M E. 1980. Competitive Strategy：Techniques for Analyzing Industries and Competitors：With a New Introduct. New York：Free Press.
Pourciau S. 1993. Earnings management and nonroutine executive changes. Journal of Accounting and Economics，16（1/2/3）：317-336.
Prendergast C. 1999. The provision of incentives in firms. Journal of Economic Literature，37：7-63.
Prendergast C. 2002. The tenuous trade-off between risk and incentives. Journal of Political Economy，110（5）：1071-1102.
Rajgopal S，Shevlin T，Zamora V. 2006. CEOs'outside employment opportunities and the lack of relative performance evaluation in compensation contracts. The Journal of Finance，61（4）：1813-1844.
Ran D，Matsusaka J G，Ozbas O. 2010. When are outside directors effective? Journal of Financial Economics，96（2）：195-214.
Rappaport A. 1999. New thinking on how to link executive pay with performance. Harvard Business

Review，77：91-101.

Reeb D，Upadhyay A. 2010. Subordinate board structures. Journal of Corporate Finance，16（4）：469-486.

Rehbein K. 2007. What drives compensation for China's CEOs？Academy of Management Perspectives，21（1）：74-75.

Renneboog L，Zhao Y. 2011. Us knows us in the UK：on director networks and CEO compensation. Social Science Electronic Publishing，17（4）：1132-1157.

Rosen S. 1986.Prizes and incentives in elimination tournaments. American Economic Review，76：701-715.

Rothschild M，Stiglitz J. 1976. Equilibrium in competitive insurance markets：an essay on the economics of imperfect information. Quarterly Journal of Economics，90（4）：629-649.

Schulz K D，Wu A，Chow C W. 2010. Environmental uncertainty，comprehensive performance measurement systems，performance-based compensation，and organizational performance. Asia-Pacific Journal of Accounting and Economics，17（1）：17-39.

Semba H D，Gao M，Fang F. 2016. Executive ability，industry competition and executive pay. Journal of Economics and Business，（5）：439-446.

Sloan R G. 1993. Accounting earnings and top executive compensation. Journal of Accounting and Economics，16（1/2/3）：55-100.

Smith C W，Watts R L. 1992. The investment opportunity set and corporate financing，dividend and compensation policies. Journal of Financial Economics，32（3）：263-292.

Tan J J，Litschert R J. 1994. Environment-strategy relationship and its performance implications：an empirical study of the Chinese electronics industry. Strategic Management Journal，15（1）：1-20.

Tatikonda M V，Montoya-Weiss M M. 2001. Integrating operations and marketing perspectives of product innovation：the influence of organizational process factors and capabilities on development performance. Management Science，47（1）：151-172.

Thompson J. 1967. Organizations in Action. New York：McGraw-Hill.

Thongrattana P，Jie F，Perera N. 2009. Understanding the impact of environmental uncertainty on efficiency performance indicator of thai rice millers. Wollongong：University of Wollongong.

Tice F M. 2018. Explicit relative performance evaluation and managerial decision-making：evidence from firm performance and investments. Working Paper.

Tosi H，Aldag R，Storey R. 1973. On the measurement of the environment：an assessment of the lawrence and lorsch environmental uncertainty subscale. Administrative Science Quarterly，18（1）：27-36.

Umanath N S，Ray M R，Campbell T L. 1993. The impact of perceived environmental uncertainty and perceived agent effectiveness on the composition of compensation contracts. Management Science，39（1）：32-45.

Uygur O. 2017. CEO ability and corporate opacity. Global Finance Journal，35（2）：72-81.

Vafeas N，Waegelein J F. 2007. The association between audit committees，compensation incentives，and corporate audit fees. Review of Quantitative Finance and Accounting，28（3）：241-255.

Weisbach M S. 1988. Outside directors and CEO turnover. Journal of Financial Economics，20（1/2）：431-460.

致　谢

本书的相关研究得到教育部人文社会科学基金项目“中国上市公司经理人运气薪酬问题研究”（14YJC630022）、福建省高水平大学建设福州大学学科建设专项工商管理学科高原计划的资助，特此感谢。

教育部“长江学者”特聘教授、福州大学经济与管理学院工商管理研究院院长李登峰教授对本书的出版给予了大力的支持与帮助，谨以致谢。

我的硕士研究生魏丹丹、刘青为本书的写作付出了很多辛劳，出色地完成了研究助理工作，感谢她们的辛勤付出。

最后，感谢所有支持、理解我的家人、朋友和同事！

邓晓岚

2017年12月